Coleção
Astrologia
Contemporânea

A Astrologia, como linguagem simbólica que é, deve ser sempre recriada e adaptada aos fatos atuais que pretende refletir.

A coleção ASTROLOGIA CONTEMPORÂNEA pretende trazer, na medida do possível, os autores que mais têm se destacado na busca de uma leitura clara e atual dos mapas astrológicos.

Dados Internacionais de Catalogação na Publicação (CIP)
(Câmara Brasileira do Livro, SP, Brasil)

Schulman, Martin, 1941-
Planetas retrógrados e reencarnação / Martin
Schulman ; [tradução Denise Bolanho]. - São Paulo: Ágora,
1987.

ISBN 978-85-7183-295-4

(Coleção astrologia contemporânea. Astrologia
cármica ; 2)

1. Astrologia 2. Carma I. Título. II. Série.

87-1997   CDD-133.5
                                              133.5

Índice para catálogo sistemático:

1. Astrologia   133.5
2. Astrologia cármica   133.5
3. Casas astrológicas: Ciências ocultas   133.53
4. Planetas: Astrologia   133.53

www.editoraagora.com.br

EDITORA AFILIADA

Compre em lugar de fotocopiar.
Cada real que você dá por um livro recompensa seus autores
e os convida a produzir mais sobre o tema;
incentiva seus editores a encomendar, traduzir e publicar
outras obras sobre o assunto;
e paga aos livreiros por estocar e levar até você livros
para a sua informação e o seu entretenimento.
Cada real que você dá pela fotocópia não autorizada de um livro
financia o crime e
ajuda a matar a produção intelectual de seu país.

PLANETAS RETRÓGRADOS
Astrologia Cármica – II

MARTIN SCHULMAN

EDITORA
ÁGORA

Do original em língua inglesa
RETROGRADES AND REINCARNATION: KARMIC ASTROLOGY, VOLUME 2
Copyright © 1977 by Martin Schulman
Direitos para a língua portuguesa adquiridos por Summus Editorial.

Direção da Coleção: **Fauzi Arap**
Tradução: **Denise Maria Bolanho**
Desenho da capa: **Alden Cole**

Editora Ágora
Departamento editorial:
Rua Itapicuru, 613 – 7º andar
05006-000 – São Paulo – SP
Fone: (11) 3872-3322
Fax: (11) 3872-7476
http://www.editoraagora.com.br
e-mail: agora@editoraagora.com.br

Atendimento ao consumidor:
Summus Editorial
Fone: (11) 3865-9890

Vendas por atacado:
Fone: (11) 3873-8638
Fax: (11) 3873-7085
e-mail: vendas@summus.com.br

Impresso no Brasil

...À minha adorada princesinha Penny Sue

Que como uma flor cresce e desabrocha
Entre espinhos e ervas daninhas.
E de suaves pingos de chuva
Que umedecem suas pétalas sedentas,
Floresce infinitamente...

NOTA DO AUTOR

Muito freqüentemente, os planetas se apresentam em movimento retrógrado, quando estão em oposição ao Sol. Assim, muitas vezes eles simbolizam um vórtice na consciência, que poderia ser chamado de *não-Sol* da realidade. O leitor é advertido para não tentar viver a vibração retrógrada em níveis intuitivos ou psíquicos, pois o efeito de uma grande quantidade de posições retrógradas pode facilmente fazer o indivíduo sair de harmonia com sua própria vibração. Portanto, sugere-se que, exceto por aquelas disposições planetárias pessoais que aparecem em sua própria carta natal, este livro deve ser lido com distanciamento suficiente para que você não seja arrastado para o vórtice total da vibração dos planetas retrógrados.

NOTA DO EDITOR AMERICANO

Em razão do autor ter sentido forte necessidade de fazer um trabalho mais contemporâneo, as seguintes posições planetárias foram omitidas:

1. Urano, de Capricórnio a Peixes.
2. Netuno, de Áries a Câncer, e de Capricórnio a Peixes.
3. Plutão, de Áries a Gêmeos, e de Sagitário a Peixes.

A maioria delas ou está muito longe no futuro ou, em muitos, mas não em todos casos, longe o suficiente no passado para limitar o interesse atual.

Se for necessário estudar qualquer uma destas posições, pode-se ler uma posição de Casa equivalente, referente ao planeta em questão, isto é, para Urano em Peixes, lê-se Urano na Décima-Segunda Casa. Aqui é importante ter em mente o elemento do signo, seu regente e suas qualidades, para que se possa ser conduzido a uma interpretação prática.

Fases Planetárias podem ser igualmente deduzidas, porém, com menos exatidão. Aqui, como em toda interpretação astrológica, uma observação minuciosa, conhecimento da carta natal em sua totalidade e da história da vida da pessoa, nos dará a informação necessária para uma interpretação sensata.

Clark Stillman

ÍNDICE

INTRODUÇÃO 11
PARTE I: *Retrógrados — Uma Experiência em Relatividade* 13
PARTE II: *Os Planetas Retrógrados* 31
Mercúrio Retrógrado 33
Vênus Retrógrado 58
Marte Retrógrado 82
Júpiter Retrógrado 109
Saturno Retrógrado 123
Urano Retrógrado 143
Netuno Retrógrado 162
Plutão Retrógrado 176

INTRODUÇÃO

Tanto estudantes como Astrólogos, quando fazem um mapa natal, têm muita dificuldade em anotarem com certeza se um planeta é Retrógrado ou não. Mas, o que acontece depois? Com exceção de uma compreensão um tanto vaga de que tal planeta possa não estar dando ao indivíduo os benefícios que ele obteria se estivesse em movimento direto, quaisquer tentativas no sentido de interpretar os significados corretos destas "esquisitices" têm sido não apenas confusas como também falhas de uma compreensão satisfatória, neste campo. Como resultado, todo este assunto traz consigo uma aura de muito mistério obscurecido por inúmeras suposições que parecem contradizer-se mutuamente.

O problema em grande parte tem sido as múltiplas dimensões do efeito Retrógrado. Sabemos que em muitas áreas da Astrologia, uma interpretação adequada consiste em descobrir a dimensão através da qual um determinado planeta, signo, casa ou aspecto está trabalhando para o indivíduo. O mesmo vale para os planetas Retrógrados. Enquanto os Astrólogos procuravam por aquele "único" efeito verdadeiro, não perceberam o fato óbvio de que os Retrógrados trabalham de várias maneiras diferentes ao mesmo tempo. Esta é, provavelmente, a principal razão por que o assunto não foi claramente entendido até agora.

Os planetas Retrógrados revelam uma compreensão nova e muito mais profunda de um indivíduo do que a Astrologia até agora procurou descobrir. Na verdade, eles são uma experiência única na consciência, descrevendo muito do que realmente acontece dentro do indivíduo, quer ele encontre ou não expressão em sua vida exterior. E o mais fascinante de tudo é a tremenda quantidade de reflexão, introspecção e profundidade que uma pessoa pode alcançar através do uso e compreensão de seus planetas Retrógrados.

Depois de muito estudo do assunto, torna-se fácil ver como as coisas na vida podem ser diferentes umas das outras, sem que uma seja necessariamente melhor ou pior que a outra.

O Autor espera que estas páginas ajudem aqueles que procuram compreender o Processo Retrógrado.

Parte I

RETRÓGRADOS
UMA EXPERIÊNCIA EM RELATIVIDADE

RETRÓGRADOS E MAGNETISMO

Não há nada no universo que não possua qualidades magnéticas. Sabe-se que o próprio pensamento atrai pensamento semelhante.

Cada indivíduo tem suas próprias energias magnéticas baseadas inteiramente sobre como é usada a combinação de seu horóscopo planetário. Todas as configurações atraem determinadas coisas e ao mesmo tempo repelem outras. Assim, todo o mundo se encontra numa condição, ao mesmo tempo, positiva e negativa.

No horóscopo individual, alguns planetas estão colocados num ponto de radiação onde constantemente liberam suas energias para o mundo. Outros estão colocados como pontos de absorção através dos quais o indivíduo é capaz de assimilar a compreensão que ele necessita do universo.

Na verdade, a maneira como o indivíduo usa seus planetas é que determinará suas qualidades magnéticas a cada momento, acima e além da qualidade magnética básica do planeta. Portanto, mesmo os planetas que absorvem, podem irradiar, dependendo de como o indivíduo estiver polarizado naquele momento particular.

Quando uma pessoa está com muita energia, além da que necessita no momento, a maioria de seus planetas atua como radiadores e ela se torna um doador para as outras pessoas. Em condições opostas, quando uma pessoa dispõe de menos energia da que necessita para atuar, seus planetas tornam-se receptores, tirando de outros a energia que lhe falta.

O homem possui a habilidade de realmente controlar, de momento a momento, seu próprio campo magnético! Para verificar isto, consideremos o planeta Vênus, que é negativamente magnetizado e geralmente é considerado como um receptor. Mesmo assim, quando o indivíduo tem, através de todos os seus outros planetas, mais energia do que precisa em determinado momento, ele usará seu Vênus para irradiar amor a outras pessoas. O mesmo se aplica a Marte, freqüentemente tido como agressivamente masculino e egocêntrico. Nas mesmas circunstâncias, quando um indivíduo tem mais energia do que necessita, ele usa seu Marte para dar energia aos outros.

Isto acontece com todos os planetas. De momento a momento, e dia a dia, cada planeta é, em parte, radiador e, em parte, receptor.

Para a Astrologia é importante saber até que ponto um planeta exerce domínio sobre outro, em determinado momento da vida de um indivíduo; e o Astrólogo tenta usar sua habilidade da melhor maneira, para ensinar as pessoas como usar seus planetas de ambas as maneiras.

Quando um indivíduo é capaz de usar todos os seus planetas, como receptores ou radiadores, mudando suas polaridades como for necessário, ele não precisa de um estudo de seu horóscopo. Mas raramente isto acontece num estudo de Astrologia. Geralmente, o indivíduo está absorvendo ou irradiando a mais ou a menos na maneira de combinar e harmonizar todas as energias planetárias de seu mapa. Para o leigo, isto é explicado como a existência de problemas pessoais com os quais não sabemos lidar. Para o Astrólogo, é apenas uma polarização de energia magnética e, tão logo se possa fazer o indivíduo entender e desenvolver um controle sobre seu próprio campo de força magnética, muitos de seus problemas pessoais milagrosamente desaparecem!

Não há dúvida de que o campo de força criado pelos planetas Retrógrados, com o qual o indivíduo tem que lidar, é diferente daquele dos planetas em movimento direto. A falta de compreensão deste campo de força é que tem feito com que tantos indivíduos experimentem dificuldades pessoais nesta área.

A tendência geral é o indivíduo tentar usar seus Retrógrados exatamente da mesma maneira que está usando seus planetas que estão em movimento direto. E quando isto não funciona, ele fica dividido em vários estados que não têm relação entre si e que podem resultar numa desordem generalizada.

Com os planetas em movimento direto, é muito fácil para o indivíduo mudar, a cada momento, a ênfase da energia planetária dentro de si mesmo, enquanto todo o seu próprio padrão de energia aumenta e diminui. Entretanto, quando tenta fazer o mesmo com seus planetas Retrógrados, ele inesperadamente se vê numa situação bem diversa.

Primeiramente, ele está, num dado momento, atravessando parte do tríplice Processo Retrógrado. Ele está:

1. saltando à frente de si mesmo, tentando viver o futuro agora;

2. no processo de viver o futuro experimentando sentimentos como se já tivesse estado lá;

3. repetindo mentalmente a primeira fase e, assim, revivendo, realmente, a expectativa de um futuro que já aconteceu.

Quando o indivíduo está na Fase I (saltando à frente de si mesmo para tentar viver o futuro agora) lhe é quase impossível usar o planeta Retrógrado negativamente, pois está tentando usar toda a sua energia para se impulsionar para a frente. Desta maneira, durante esta Fase ele irradia exteriormente, para que possa se magnetizar em direção a todas as pessoas e condições que proporcionarão a experiência do futuro.

Durante a Fase II (quando está realmente vivendo a experiência) ele freqüentemente não tem consciência da Fase I, onde ele, na realidade, a anteviu; mas experimenta mais sensações de *déjà-vu* do que os indivíduos com planetas em movimento direto. Em outras palavras, ele tem a sensação de saber que já viveu isto antes, mas não sabe exatamente como, quando ou por quê. É esta ambivalência que cria uma vibração cruzada onde ele está atuando negativa e positivamente ao mesmo tempo. Parte dele está irradiando positivamente seu desejo de completar a experiência, enquanto a outra parte está negativamente procurando absorver a compreensão do porquê da experiência parecer repetitiva. Naturalmente, é durante esta fase que o indivíduo é menos compreendido pelos outros.

Finalmente, na Fase III, onde está mentalmente repetindo a expectativa de um futuro que ele já viveu, fica completamente fora de sincronização de tempo com o resto do mundo, pois se esforça para reabsorver os indivíduos e as circunstâncias que o trarão de volta ao seu passado. Nesta fase, ele é mais compreensível, mas também é como se tirasse energia dos outros, pois praticamente não a irradia.

É interessante notar que as Fases I e II — a tentativa de viver no futuro e a vibração cruzada de futuro-passado — são tão íntimas do indivíduo que a Astrologia dificilmente as percebe como características dos Retrógrados. Ao contrário, tem sido sempre a Fase III do Processo Retrógrado (a característica de rever o passado ou demorar-se nele) a que sempre foi a mais visível. Talvez isto aconteça não apenas porque é nesta fase final que o indivíduo gasta a maior parte de seu tempo, mas também reage de uma maneira perceptivelmente diferente da sociedade em geral.

RETRÓGRADOS E O FATOR TEMPO

Devido ao tríplice Processo Retrógrado, o indivíduo experimenta sua vida em seqüências de tempo diferentes das dos indivíduos com planetas em movimento direto. Na verdade, as partes de sua vida influenciadas pelos Retrógrados são completamente diferentes das que ele experimenta através de seus planetas em movimento direto.

Quando a seqüência de acontecimentos em sua mente está em movimento contrário ou se dirigindo para longe da seqüência de

17

acontecimentos em sua vida, ele está, realmente, quebrando a barreira do tempo. Dependendo da fase em que está, ele estará vivendo, pelo menos parte de sua vida, num tipo diferente de deformação de tempo. Nesta surpreendente transcendência do tempo através dos Retrógrados é que está a principal chave para o Carma.

RETRÓGRADOS E CARMA

Os Retrógrados não apenas fazem o indivíduo voltar para o ontem, o último mês e o último ano, como também provocam a regressão para vidas anteriores, cujas memórias trazem fortemente para a atual encarnação. Estas memórias representam acontecimentos específicos ou indivíduos que eram suficientemente significativos em outra vida para, ainda, atualmente, possuírem influência sobre a pessoa. Sempre que um planeta Retrógrado aparece no horóscopo, o indivíduo não avança na seqüência do tempo, junto com o resto de seu mapa natal. Ao contrário, ele continua tentando solucionar circunstâncias anteriores que ainda parecem inacabadas.

Nestas áreas específicas de sua vida não parece haver uma demarcação entre uma vida e outra. Suas memórias são tão intensas que ele nem mesmo as reconhece como tal; para ele, elas parecem ser o presente. Contudo, ele está vivendo uma fase sombria de outra zona de tempo, cujo irresistível magnetismo parece até mesmo mais importante do que sua vida atual.

RETRÓGRADOS NOS SIGNOS

Um planeta Retrógrado situado num signo adquire a característica daquele signo e dirige suas energias para trás, no tempo. O indivíduo revive, nesta vida, exatamente o mesmo tipo de experiências pelas quais já tinha passado em encarnações passadas, em relação ao específico planeta Retrógrado. Mas, por alguma razão, talvez por sentimentos interiores da alma, de que a lição Cármica não estava terminada, ou não resultou na satisfação pessoal do ser inferior, o indivíduo continua trazendo aquelas mesmas situações para esta vida. A verdade é que ele está tentando levar esta vida de volta à outra, não resolvida. E, uma vez que a qualidade de vida, bem como o seu lugar nela, está baseada na percepção do mundo à sua volta, este indivíduo, no que se refere a seus planetas Retrógrados, não está realmente vivendo na zona de tempo presente.

Por esta razão, os Astrólogos sempre sentiram que os planetas Retrógrados não trabalham com seu melhor potencial. Não é que eles não funcionem bem, tanto quanto o fato de que o indivíduo não os está utilizando tanto quanto poderia, na sua vida atual. Pelo contrário, ele está tentando fazer o mundo atual se encaixar nos seus conceitos passados. Obviamente, é esta maneira de viver que provoca grande parte da desarmonia que é tão freqüentemente atribuída aos planetas Retrógrados.

O tríplice Processo Retrógrado, que age não somente nesta vida, mas que também tem uma tendência a atravessar barreiras do tempo para outras vidas, age ligeiramente diferente em cada signo. Por exemplo, o indivíduo com Mercúrio Retrógrado em Áries, experimentando a Fase I (saltando no tempo à frente de si mesmo), se apresentaria positivamente, o que é inteiramente harmonioso com a qualidade Marciana do signo. Durante a Fase III (quando está voltando atrás em seus processos de pensamento) ele estaria totalmente fora de harmonia com a vibração de Áries. Talvez esta seja a razão por que pessoas com Mercúrio Retrógrado em Áries sintam tanta tensão em suas vidas e raramente se sintam unas com seus pensamentos e a habilidade para representá-los.

O indivíduo com Mercúrio Retrógrado em Touro está menos em harmonia consigo mesmo durante a Fase I. O salto à frente no tempo, do Retrógrado, contradiz totalmente as qualidades receptivas latentes deste signo de Terra regido por Vênus, que estaria mais à vontade na segurança experimentada na Fase II, na qual o indivíduo pode viver seus padrões de energia por um caminho que ele vagamente percebe ser familiar.

Assim, com cada planeta Retrógrado, o indivíduo está mais em harmonia consigo mesmo durante uma ou outra fase do tríplice Processo Retrógrado, dependendo muito da natureza do signo no qual se encontra o Retrógrado.

A Astrologia, até agora, lidou mais com os efeitos dos Retrógrados do que com seu processo real, mas é através da compreensão deste processo que o indivíduo pode saber, pelo menos, quando está ou não em harmonia e por quê!

O verdadeiro início do processo se dá no momento em que o indivíduo tem seu primeiro pensamento dirigido a qualquer meta desejada de expressão. A duração de cada fase depende muito do signo no qual o planeta está colocado. O homem sempre tenta prolongar suas experiências de prazer e diminuir as de dor. Assim, qualquer que seja a fase do Processo Retrógrado que está mais em harmonia com o signo no qual o Retrógrado se encontra, pode ser a que se revela por mais tempo e, portanto, aparentemente, ser vista como a mais característica do indivíduo. Ao mesmo tempo, qualquer que seja a fase que está mais fora de harmonia com as características do signo, não só é revelada durante menos tempo, como também reflete muitas das queixas do indivíduo a respeito de sua vida.

RETRÓGRADOS NAS CASAS

Quando um Retrógrado aparece numa casa, ele focaliza o tríplice Processo Retrógrado naquela área de experiência que a casa representa. O indivíduo procurará prolongar aquela fase do Processo Retrógrado que está mais em harmonia com a casa, através da qual ele a expressará e tentará diminuir a fase que está menos em harmonia com as áreas de experiência da casa.

Consideremos um indivíduo com Vênus Retrógrado na Décima Casa. O planeta está mais harmonioso com a experiência da casa durante a Fase III, onde é possível repetir mentalmente o que já foi vivido. Isto porque a Décima Casa simboliza a realização cristalizada, não tanto o trabalho para alcançá-la, quanto a sua efetivação. Assim, quando o indivíduo for capaz de absorver magneticamente a apreciação de seus semelhantes por um trabalho bem feito, ele está mais em harmonia com seu Vênus Retrógrado na Décima Casa. E, como resultado, isto será visto como o significado mais característico desta posição planetária para ele, uma vez que procura prolongar esta fase de absorção.

A expressão mais negativa de Vênus Retrógrado em sua Décima Casa será encontrada quando ele estiver na Fase I Retrógrada (o salto à frente no tempo), que não só é pouco característica de Vênus, como também totalmente desarmoniosa com a restritiva Décima Casa regida por Saturno, e ele pode se encontrar reclamando de quanto esforço vê à sua frente. Como resultado, durante a Fase I, onde está expressando seu Vênus positivamente em direção a um futuro construtivo, tudo que pode ver à sua frente são as paredes, aparentemente intransponíveis, de experiências Saturninas. Talvez, por isso, ele deseje tanto ser valorizado quando as conclui, realmente, na Fase III. Nesta posição planetária em particular, o indivíduo experimenta sentimentos positivos durante a Fase II, onde está pisando em terreno seguro, em direção a uma meta específica.

Consideremos, como outro exemplo, o indivíduo com Marte Retrógrado na Décima-Segunda Casa. Durante a Fase I, Marte está em harmonia consigo mesmo, enquanto se esforça para saltar para o futuro, mas ao mesmo tempo, totalmente fora de harmonia com a experiência da casa, que está profundamente enraizada no passado. Durante a Fase III, onde o Retrógrado está naturalmente revendo experiências passadas, Marte está em completa harmonia com as tendências passadas da casa, mas totalmente fora de harmonia com suas próprias qualidades futuristas. Durante a Fase II, onde o indivíduo está vivendo coisas que anteriormente já vislumbrara, a qualidade de Marte de desejo por ação é preenchida ao mesmo tempo em que seu Retrógrado (ou natureza retrógrada) está de acordo com as qualidades da Décima-Segunda Casa (do passado). Assim, a Fase II é a mais confortável para este indivíduo e, como resultado, é nesta fase que ele tenta viver a maior parte do tempo. Como conseqüência, ele é visto pelos outros repetindo, em ações, a maior parte de seu Carma de vida passada. E, queira ou não a sociedade que ele assim o faça, esta é sem dúvida a maneira mais confortável para ele viver. Quando tenta viver na Fase I, ele é puxado para trás pelas experiências da Décima-Segunda Casa, que o fazem se sentir muito desconfortável a respeito de suas ações presentes. Ao mesmo tempo, quando tenta viver na Fase III, acha muito difícil absorver vibrações magneticamente através de Marte, que é ativamente expressivo. Mas é durante a segunda fase, onde é apanhado numa vibração cruzada de forças opostas, que ele está, acredite ou não, mais à vontade com a verdadeira natureza de todo o seu ser.

RETRÓGRADOS E INDIVIDUALIDADE

É interessante ver como os signos e as casas, nos quais os Retrógrados aparecem, levarão um indivíduo a escolher qual a Fase do Processo Retrógrado em que se sente mais confortável. Como resultado, indivíduos distintos, que têm os mesmos planetas Retrógrados, mas que estejam em signos ou casas diferentes, irão naturalmente apresentar fases diferentes do Processo Retrógrado e, por esse motivo, indivíduos com os mesmos planetas Retrógrados podem agir de maneira diferente.

Por esta razão, a verdadeira natureza dos Retrógrados tem sido por tantos anos tão ilusória e evasiva, pois, inerente a ela, existe um número muito grande de escolhas através das quais a expressão original do indivíduo pode ser alcançada. Literalmente, a combinação de doze possíveis casas com seus 360 graus para um planeta Retrógrado num mesmo signo nos deixa com uma possibilidade muito mais definida. E assim é que, aproximadamente, um entre cada quatro mil trezentos e vinte indivíduos provavelmente usará um planeta Retrógrado exatamente da mesma maneira que outro. Naturalmente, isto faz com que o trabalho de interpretação fique muito difícil para o Astrólogo, bem como explica mais nitidamente por que os Retrógrados permaneceram desconhecidos por tantos anos. Mas, num sentido mais realístico, isto mostra novamente quanta liberdade um indivíduo preserva, ao fazer as escolhas pessoais de vida, de como usar seus planetas.

RETRÓGRADOS E MÚLTIPLAS DIMENSÕES

Para compreender a natureza completa dos Retrógrados é importante perceber que eles estão agindo, através de múltiplas dimensões, ao mesmo tempo. Primeiro, o indivíduo experimenta o tríplice Processo Retrógrado, que tem uma forte tendência a tirá-lo de sincronização com o momento presente. Mas, ao mesmo tempo em que está passando por qualquer uma das fases deste processo, também está tentando corrigir o Carma de outra vida. Assim, ele está ou atrás ou à frente de si mesmo nesta vida, enquanto uma outra parte de si mesmo ainda não está completamente nesta vida.

Além desta falta de sincronização com o tempo cronológico, o que, por si só, seria suficiente para perturbar a maioria dos indivíduos, ele também experimenta, num outro plano, uma orientação no espaço, sem dúvida, única.

RETRÓGRADOS E O FATOR ESPAÇO

Uma pessoa na Fase I do Processo Retrógrado (saltando à frente de si mesmo para tentar fazer o futuro acontecer agora) está tentando apresentar-se tão magneticamente positiva que está realmente se movimentando no espaço, muito mais próxima a objetos e a pessoas do que o indivíduo sem Retrógrados. É durante esta fase que ele invade a aura dos outros, elimina o final das fases das pessoas e literalmente pede, toma emprestado ou rouba, toda substância na forma que sente ser necessário para sua experiência. Todas as pessoas têm um espaço psíquico ao seu redor, que é tão particularmente íntimo a ponto de elas demonstrarem contrariedade sempre que este espaço é violado por outros. Para comprová-lo, da próxima vez que você estiver num restaurante com outro indivíduo, tente empurrar delicadamente um talher por cima da linha central imaginária da mesa, e observe a reação do outro indivíduo quando ele, ou ela, sentir que você está invadindo o espaço psíquico que não lhe pertence.

Isto é o que acontece com um indivíduo quando experimenta a Fase I do Processo Retrógrado. De todas as maneiras que puder, ele está ampliando seu próprio espaço psíquico.

É durante este período que ele parece ser desagradavelmente agressivo àqueles que o rodeiam. Na Fase II, onde ele está vivendo em ações toda a informação e o espaço que já planejou minuciosamente para si mesmo, sente muito menos problemas em conviver com os outros, mas no momento que vai para a Fase III, onde está olhando para trás, esperançosamente, em direção a um futuro que já aconteceu, torna-se muito introvertido. Enquanto se fecha em si mesmo, e usa cada vez menos espaço durante este período, não pode entender o porquê de os outros userem tanto. É nesta época que o indivíduo realmente se afasta dos outros, e aqui temos o que foi por tantos anos classificado como a mais notável característica de comportamento dos Retrógrados. Todavia, enquanto está voltando ao seu passado, está também absorvendo as radiações de tudo que está à sua volta e, embora não concorde com esta absorção, ele precisa dela para dar luz ao momento em que entrará numa nova experiência da Fàse I, onde novamente começará a irradiar energia e ampliar tempo e espaço.

RETRÓGRADOS E A LEI DA RELATIVIDADE

Como as diferentes concepções de tempo dos Retrógrados levam também um indivíduo a experimentar percepções que se transformam no espaço, a última experiência de vida é sempre singularmente diferente do que podemos chamar de norma. De acordo com as leis da relatividade, nada existe isolado no universo, mas certamente age de acordo com as leis de tudo o mais com o que estiver relacionado. Assim, as rodas de um carro se movem na proporção direta da pressão do pedal do acelerador. Ao mesmo tempo, o próprio chão parece se mover em relação às rodas, e assim por diante, em todo o universo. Tal como os indivíduos com planetas em movimento direto têm sua percepção de tempo e espaço e, através desta percepção, vivem suas vidas, assim os indivíduos Retrógrados * têm sua relação de tempo e espaço. Mas, sua percepção destes planos de existência é diferente daquela do indivíduo sem planetas Retrógrados. Na realidade, sua orientação no tempo e no espaço, através dos Retrógrados, é também diferente da que ele experimenta em outras partes de si mesmo, através dos seus planetas em movimento direto. Uma parte dele se relaciona com o universo de uma maneira, enquanto outras partes o fazem ainda de outras maneiras. É importante ver que o universo, em grande parte, age sobre ele de acordo com a maneira em que ele relativamente o percebe.

Algumas pessoas percebem o mundo todo através dos olhos da matéria, da substância e da forma. Outras vêem o mundo através da janela do Espírito. E ainda umas poucas experimentam sua relação com o mundo através da visão de suas Almas. A maioria das pessoas sente uma mistura de todas, com uma ou outra precedendo, num determinado momento, as demais. O planeta Retrógrado, com suas poderosas lições Cármicas sendo trazidas a esta vida, tende a

---

* Indivíduos Retrógrados: este termo, usado freqüentemente no livro, refere-se a um indivíduo que tem três ou mais Retrógrados em sua carta, qualquer um dos planetas interiores Retrógrados ou mesmo um único Retrógrado situado perto do Ascendente ou do Meio do Céu.

enfatizar o lado da matéria ou da forma de vida, lançando o homem nas partes mais primitivas de si mesmo, onde sua luta para sobreviver entre as condições e pessoas à sua volta se torna predominante, acima da satisfação de sua Alma. Isto se torna mais intenso ainda no caso dos Retrógrados interiores (Mercúrio, Vênus e Marte), através dos quais o homem lida com as mesmas partes íntimas, pessoais e particulares de si mesmo, com as quais esteve lutando desde sua origem no tempo. E, enquanto sem dúvida é verdade que o homem se move de uma fase do Processo Retrógrado para outra, tendendo a mudar ligeiramente sua ênfase entre matéria-espírito e alma, deveria ser lembrado que alma e espírito estão acima das leis do Carma. Portanto, sempre há um sinal remanescente de substância e matéria (particularmente etérica) em todas as Fases Retrógradas.

Estes traços de matéria etérica ou astral, que quase sempre acompanham a expressão dos Retrógrados, trazem a informação para o cumprimento Cármico. E, como a matéria está envolvida, sempre sentimos os planetas Retrógrados de outro indivíduo como sendo ligeiramente, ou, às vezes, muito mais pesados do que os planetas em movimento direto. Por causa disso, os indivíduos que se expressam através de seus Retrógrados têm uma enorme habilidade para deixarem uma forte impressão em seus ouvintes. A pessoa com quem estão falando pode, momentaneamente, ignorar as palavras, mas é difícil ignorar a matéria etérica ou astral que foi transmitida junto com as palavras e que conservarão a mensagem gravada na memória do indivíduo até que ele esteja pronto a aceitá-la ou rejeitá-la, baseado em informações futuras que ele lhe acrescentará. Por esta razão, as formas de pensamento de um indivíduo Retrógrado são extraordinariamente fortes e, particularmente, durante a Fase I (onde elas estão ampliadas e expressadas com alguma força) torna-se muito difícil se afastar delas, mesmo que a tendência natural, devido à maneira como são expressadas, seja fazer exatamente isto.

RETRÓGRADOS E EVOLUÇÃO

Nem todas as pessoas têm planetas Retrógrados, mas existem mais pessoas que os têm do que poderíamos esperar. Estudos a este respeito mostraram que aproximadamente 92% da população mundial tem pelo menos um planeta Retrógrado e que não é de todo raro terem até três Retrógrados. Uma vez que estes planetas possuem a habilidade de trazer o passado para o presente e o presente de volta ao passado, é fácil ver como eles representam, a nível cósmico, o fio de continuidade da humanidade entre a evolução presente e passada de toda a espécie.

RETRÓGRADOS E SEXUALIDADE

Hoje em dia, os Retrógrados são uma das principais causas de dificuldades sexuais no mundo. A riqueza sexual e a satisfação estão baseadas quase que inteiramente na consciência de dois indivíduos se encontrando e se unindo em todos os níveis de tempo e espaço.

O indivíduo com um Retrógrado influenciando sua sexualidade é incapaz de experimentar esta harmonia total. Uma vez que ele está sempre numa ou noutra fase Retrógrada, suas percepções de tempo e espaço o impedem de vivenciar totalmente o aqui e o agora.

Os homens com Vênus Retrógrado tendem a ser (nas partes mais íntimas de seu ser) mais inclinados a evitar as mulheres. Ao mesmo tempo, as mulheres com Marte Retrógrado sentem dificuldades semelhantes para se relacionarem com os homens. Quando Mercúrio ou Urano aparecem Retrógrados, a sexualidade é perturbada por uma superatividade do tríplice Processo Retrógrado, no plano mental. Nestes casos, o indivíduo se torna mentalmente muito ativado para experimentar uma riqueza equilibrada de sexualidade física e emocional.

Quando Plutão é Retrógrado, toda sexualidade da vida atual é baseada nas memórias sexuais de vida passada, profundamente enterradas no inconsciente. Assim, enquanto um indivíduo está vivendo no presente, sua natureza sexual pode refletir as preferências e a moralidade com as quais se habituou durante um período primitivo e geralmente menos evoluído na história do mundo.

Aqui, é importante compreender que a heterossexualidade normal tem início num estado magnético altamente polarizado de energias opostas que se dirigem à neutralidade para que se completem. A homossexualidade, ou a presença de dificuldades com o sexo oposto, é o resultado de mais energias com neutralidade semelhante que tentam estabelecer, através da sexualidade, um grupo polarizado de energias magnéticas. Uma vez que energias magnéticas opostas atraem outras, é óbvio que o sexo homossexual precisa criar mais de uma necessidade por expressão sexual, enquanto o sexo heterossexual, por causa da neutralização de energias, pode trazer consigo uma quantidade maior de satisfação.

Não há dúvida de que um indivíduo pode ter muitos Retrógrados e não ser homossexual. Mas o indivíduo que experimenta a influência do Retrógrado em sua sexualidade realmente passa pelas três fases do Retrógrado, durante as quais, na Fase I, ele reage fortemente à futura expectativa da possibilidade de se envolver numa atividade sexual (demasiadamente cedo e fora de proporção em extensão, baseado numa realidade futura). Então, ele é apanhado na vibração cruzada da Fase II, onde o ato se torna um tanto decepcionante uma vez que ele já o experimentou em consciência (e, em alguns casos, pode até ficar impotente por ter consumido muita energia na expectativa). Finalmente, durante a Fase III, ele tem medo de si mesmo e percebe que ultrapassou seus próprios limites e, timidamente, volta-se para si mesmo. Literalmente, ele foi da extroversão, na Fase I, para a total introversão na Fase III. Muitos casos de fracassos sexuais, sejam homossexuais ou heterossexuais, acontecem devido a este tipo de influência do Retrógrado. Se o tríplice Processo Retrógrado, que causa as deformações de tempo e espaço, não fosse o suficiente para desconcertar o indivíduo com muitos planetas Retrógrados, há ainda um outro fator, razoavelmente comum, de energias naturalmente dirigidas para o exterior se voltarem para o interior.

Quanto mais Retrógrados um indivíduo tiver, mais ele fica introspectivo e desenvolve toda uma outra vida dentro de si mesmo, que freqüentemente pode ser oposta à que tem que viver exteriormente para ser aceito pela sociedade. O que ele compreende sobre si mesmo e sobre o mundo é muitas vezes inexprimível para os outros.

Quando as energias que são normalmente voltadas para o exterior estão dirigidas para o interior, o indivíduo começa a personalizar o universo fora de si. Sob certos aspectos, acha difícil saber realmente onde ele termina e onde começa o universo à sua frente. Como resultado, ele se magoa freqüentemente, guardando dentro de si mesmo mais do que precisa. Ao perceber sua susceptibilidade ao meio ambiente, ele gradualmente constrói paredes ao seu redor e então, depois de ter-se escondido atrás destas paredes, pode separar todos os seus problemas mas não consegue, necessariamente, transmitir o que sabe para as pessoas no meio ambiente externo, do qual escolheu se afastar. Seu mais forte contato com a sociedade é durante a Fase I, quando está se expandindo, numa tentativa de alcançar o mundo exterior, adiante e além de sua experiência de vida comum.

RETRÓGRADOS E PROJEÇÃO DE PENSAMENTO

Um dos aspectos mais fascinantes dos Retrógrados acontece num nível inconsciente. O indivíduo projeta as energias de seus Retrógrados em todos os indivíduos com quem se comunica, mas de maneira tão sutil que é praticamente invisível mesmo ao observador consciente.

O que realmente acontece é que ele telepatiza pensamentos, introduzindo-se sutilmente na identidade da pessoa com quem está falando. E, enquanto parte dele continua em si mesmo, outra parte fica no espaço psíquico da outra pessoa. Momentaneamente, o outro indivíduo perde sua própria identidade e começa a assumir os pensamentos, desejos e vontades do indivíduo Retrógrado, como se fossem seus. Entretanto, o que realmente acontece é que a pessoa Retrógrada está, na realidade, falando consigo mesma.

Se ele tem um Carma com o qual não quer lidar, então ele o vê sendo realimentado de volta para si mesmo, através da outra pessoa que, agora, se tornou um espelho. Infelizmente, na maioria das vezes, ele não tem consciência disto e acredita que a outra pessoa é a origem da expressão negativa.

Nas ocasiões em que o indivíduo Retrógrado tem um Carma muito positivo ou elevado em seus planetas Retrógrados, ele pode, através deste processo de projeção do pensamento, realmente transferir, para outros indivíduos, o conhecimento que alcançou. Assim, ele pode ser um professor místico em níveis muito subliminares.

Entretanto, se faz necessário perguntar: "Por quanto tempo esta justaposição permanece antes que cada indivíduo reassuma sua total identidade original?". No caso do que parece ser o Carma negativo sendo trocado, dependerá inteiramente do quanto o indivíduo não-Retrógrado está inclinado a assumir. E no caso do Carma positivo sendo trocado, dependerá inteiramente de quanto tempo o indivíduo sentir que precisa do conhecimento que recebeu, seja ele qual for.

Em ambos os casos a transferência de Carma normalmente dura até que o indivíduo alcance sua própria verdade a respeito da matéria, pois uma vez que o faça, seja a transferência negativa ou positiva, ele pode reassumir sua própria identidade, enriquecida pela experiência.

É interessante notar como estas projeções de pensamento acontecem. Na realidade, através das palavras ou ações do indivíduo Retrógrado, o indivíduo não-Retrógrado começa a experimentar o que acredita serem suas próprias emoções, sejam de entusiasmo, alegria, dor ou tristeza, dependendo da natureza do assunto do pensamento que está sendo projetado.

Uma vez que um indivíduo comece a se emocionar, ele logicamente pensa que são suas próprias emoções e, portanto, precisa, de alguma forma, guiar-se por elas. Fica claro, assim, que todo o processo de projeção de pensamento só surte efeito onde for possível a "identificação" inconsciente entre duas pessoas.

De fato, muito do Carma é trocado desta maneira e quer realmente obrigue ou não a humanidade a passar por mais sofrimentos e esforços além do necessário, é uma pergunta que somente Deus pode responder. Mas, numa base individual, dá à pessoa a chance de, consciente ou inconscientemente, decidir quanta ajuda externa ela deseja receber para resolver seus problemas interiores ou quanta interferência ela se permite receber e que age como um obstáculo para que se veja claramente. Finalmente, ela precisa decidir por si mesma.

Vale notar que se torna possível ao Astrólogo que possua alguma prática saber, a nível instintivo, exatamente quais planetas Retrógrados o indivíduo possui, pelas partes de si mesmo que parece estar perdendo enquanta fala com ele.

RETRÓGRADOS E PENSAMENTOS OBSESSIVOS

O tríplice Processo Retrógrado faz o indivíduo reviver tudo que experimenta e isto tende a aprisionar a mente numa constante repetição de padrões de pensamento, como um eco. Na tentativa de vencer isto a pessoa pode verbalizar, para os outros, tudo o que a está incomodando, mas, ao fazê-lo, cria ainda mais circunstâncias que serão novamente repetidas no futuro. Desta maneira, a corrente se torna sem fim. Assim, é muito mais fácil para um planeta Retrógrado ser o instigador de pensamentos ou ações possessivas do que tal comportamento vir de qualquer planeta em movimento direto.

Este resultado do processo de pensamento Retrógrado é particularmente visível na constante repetição de fobias neuróticas que se repetem por anos, mesmo após o objeto do medo não estar mais presente na vida da pessoa. É interessante notar como os indivíduos como Netuno Retrógrado tendem a temer grandes massas de água, ficando hipnotizados e se envolvendo profundamente em qualquer coisa cujo resultado é incerto. Ao mesmo tempo, as pessoas com Plutão Retrógrado, geralmente, possuem inibições sexuais inconscientes acompanhadas por um medo da morte que não lhes permite apreciar a riqueza da entrega sexual. Saturno Retrógrado não gosta muito de lugares fechados, enquanto Júpiter Retrógrado algumas vezes apresenta acrofobia (medo de espaços abertos).

O interessante a respeito dos Retrógrados é que, seja qual for o papel que representam no estímulo e na perpetuação de fobias, também representam a cura mais fácil. Tudo que o indivíduo precisa saber é que seja o que for que pense a respeito de seus medos, é tão-somente o eco repetido do que pensou antes. E ele tem livre-arbítrio para não reagir a tal eco. Quando isto é percebido, todo um novo padrão de comportamento se torna possível. Mas, cada vez que o indivíduo se permite reagir ao eco de um medo passado, cria uma nova experiência que origina futuros ecos através do processo de repetição do Retrógrado, e, naturalmente, isto torna o medo mais difícil de ser superado.

Muitos hábitos estão enraizados, exatamente da mesma maneira, no Processo Retrógrado. O indivíduo continua respondendo aos ecos de pensamentos anteriores, mas, cada vez, ele pensa estar respondendo ao pensamento original. E, toda vez que o faz, torna o eco na experiência original, por pensar que é assim. Isto apenas o torna susceptível a responder a futuros ecos do mesmo pensamento. Muitos fumantes têm Netuno Retrógrado em suas cartas e tudo o que têm a fazer para acabar com este hábito é parar de reagir aos ecos das imagens que rapidamente passam à sua frente logo antes de procurar um cigarro.

Ao superar idéias, sentimentos ou crenças negativas que estão ocorrendo como conseqüência do Processo Retrógrado de Repetição, tudo o que o indivíduo precisa fazer é se recusar a transformar os ecos em sua realidade. Com o tempo, eles desaparecem e em seu lugar ele descobre que realmente tem controle sobre seu próprio ser.

RETRÓGRADOS E CRESCIMENTO ESPIRITUAL

O mais surpreendente a respeito dos Retrógrados é que por todas as dificuldades pessoais que fazem o indivíduo passar em sua vida particular, eles são as chaves espirituais para a solução de entidades de pensamento Cármico. Todos nós experimentamos dualidades em nossos sistemas de identidade. Uma parte de nós é o "eu" enquanto outra parte — que a sociedade, a tradição e nossos pais nos ensinaram — é o "não-eu". Entretanto, devido à educação e ao desejo de ser aceito no mundo exterior de aparências, esta identidade do "não-eu" é muito forte na maioria das pessoas. Ela não só ocasiona atitudes críticas, medos e inibições, como quase que instiga e desafia a identidade do "eu" a se expressar.

No momento em que um indivíduo percebe estas duas partes de si mesmo e aprende a separar tudo que sacrificou para construir sua identidade do "não-eu" a partir de sua verdadeira identidade, o "eu", ele deu o primeiro passo para compreender sua verdadeira natureza cósmica. As pessoas com planetas Retrógrados possuem grande habilidade para ver estas diferenças em si mesmas, porque através da natureza introspectiva do Retrógrado (por intermédio de qualquer planeta ou experiência de casa que este representa) elas começam a alcançar a identidade do "eu". Enquanto isto, o mundo exterior de tradição e aparências tem dificuldade para compreender esta suposta "ovelha negra" devido às idéias e filosofias singularmente diferentes que este indivíduo defende. Ao mesmo tempo, dificilmente existe uma pessoa com quem mantenha contato que não esteja secretamente (em sua identidade do "eu") invejando o indivíduo que realmente parou de viver a vida do "não-eu".

Assim, através de nossos Retrógrados, é possível finalmente nos tornarmos nosso próprio "guru", através da enorme autoconsciência que emerge no instante em que a identidade do "não-eu" deixa de ser uma força vibratória muito grande na vida da pessoa.

Parte II

OS PLANETAS RETRÓGRADOS

MERCÚRIO RETRÓGRADO

MERCÚRIO RETRÓGRADO
SÍMBOLO ESOTÉRICO

Tradicionalmente, tem sido atribuída a Mercúrio a posição de reger todas as formas de comunicação. Seu símbolo, (☿), formado pelo Círculo do Espírito entre a meia-lua da Alma e a Cruz da Matéria mostra que o homem atinge a união entre estas três partes essenciais de si mesmo ao compreender como elas se integram em toda sua expressão criativa. A meia-lua, no alto, simboliza a Alma que está ativamente fluindo para o Espírito que, por sua vez, luta para se expressar exteriormente, expandindo suas idéias para dentro da Cruz da Matéria. Para que este processo funcione, o homem precisa alcançar a compreensão de que todo conhecimento vem do plano mais alto e gradualmente vai para o mais baixo. Quando o homem está em harmonia consigo mesmo, todo o seu conhecimento é originado em sua Alma e, então, penetrando em seu Espírito busca sua expressão exterior através dos movimentos de seu corpo e de suas reações ao corpo da forma que vê no mundo ao seu redor. Assim, a expressão do homem, bem como seu Espírito ou seu corpo, depende muito de sua percepção das coisas; e a percepção está sob o domínio da soberania de Mercúrio.

Como tal, o homem pode usar seu Mercúrio para sentir sua Alma, expressar seu Espírito ou satisfazer as necessidades de seu corpo. Ele pode se expressar ativamente, baseado inteiramente em sua Essência Divina e, desse modo, ver o mundo todo como a experiência da Alma em todas as coisas; ou pode procurar a expressão ativa de si mesmo através de seu Espírito e assim colorir sua percepção do mundo à sua volta como um vívido caleidoscópio de vida. Sua terceira possibilidade é procurar toda expressão para satisfazer suas necessidades físicas. Logo, ele pode ver o mundo à sua volta, como material e físico.

O homem completo é capaz de fazer tudo isto, mas a maioria dos indivíduos escolhe uma das maneiras de expressão como sendo superior às outras duas.

Quando Mercúrio é Retrógrado, a natural prioridade da Alma sobre o Espírito e sobre a Matéria torna-se invertida. O indivíduo está mais preocupado com a forma de sua vida bem como em compreender a forma de todas as coisas à sua volta. Então, através de sua percepção de que tais formas comprovem ou contradigam as idéias de forma que estabeleceu em si mesmo através de encarnações anteriores, ele reage no Espírito. Finalmente, quando a forma está satisfeita e o Espírito é ativado, ele alcança a satisfação com a forma e se permite sentir sua Alma.

É esta trindade de Alma, Espírito e Matéria que faz de Mercúrio o planeta mais importante no sentido de como um indivíduo apreende sua experiência total de vida.

MERCÚRIO RETRÓGRADO
PERSONALIDADE

Quando Mercúrio aparece Retrógrado no horóscopo, a mente consciente do indivíduo é capaz de introduzir idéias na consciência universal de tempos anteriores. Geralmente, ele não tem consciência do que está fazendo, mas está ciente de que não é fácil fazer os outros entenderem tudo que sabe. Isto acontece, em parte, devido à inversão do símbolo de Mercúrio, no qual a importância da Matéria precede o Espírito e a Alma, e faz com que o indivíduo se preocupe com a forma de suas idéias e isto se torna um obstáculo à essência de seu conhecimento.

Além disso, seu comprimento de onda é ligeiramente diferente do resto da sociedade com respeito à sua vida mental. Os processos de pensamento tendem a se repetir como um disco interminável, e por isso a maioria das coisas que cria tem diferentes contornos ou formas, cópias carbono do que ele já fez. Quando fala, tem dificuldade para projetar as exatas imagens telepáticas que transmitam os significados de seus pensamentos e, assim, freqüentemente se sente incompreendido e se pergunta por que os outros nem sempre vêem as coisas da maneira como ele as vê.

Ele acredita estar mais afastado da sociedade do que uma pessoa com Mercúrio em movimento direto e, como conseqüência, tenta desesperadamente ter contato com os outros a ponto de, com freqüência, superenfatizar suas idéias até que elas se tornem realmente um aborrecimento para os que estão ao seu redor. Sentindo-se desconfortável na companhia de outras pessoas, ele tenta com afinco ganhar a aceitação dos outros, embora ao menor sinal de rejeição possa desistir muito facilmente. Finalmente, ele aprende que sua segurança esta em crescer mais separado e impessoal do que as pessoas com Mercúrio em movimento direto. Isto é freqüentemente interpretado como "frieza", mas é apenas a vibração de Mercúrio Retrógrado, que é tão claramente desarmonioso com vibrações em movimento direto. Sob a parede aparente, este indivíduo é muito mais sensível do que a maioria das pessoas possa imaginar.

Uma vez ultrapassada a barreira da comunicação, existe uma grande quantidade de *insight* que vem de Mercúrio Retrógrado, e para facilitar isto, o indivíduo não deve tentar fazer com que a forma de sua vida encaixe nas idéias e opiniões dos que o cercam. Pelo contrário, ele pode achar mais satisfação sendo grato por sua maneira bastante singular de ver as coisas.

É interessante notar que houve muitos talentos musicais com Mercúrio Retrógrado. Talvez a consciência de suas dificuldades com as palavras os tenha levado a outra forma de comunicação que continha maior liberdade e mais níveis de sutileza mental e expressão emocional.

Nas áreas que requerem concentração, este indivíduo pode ser um excelente aluno, ainda que demore um pouco mais para compreender idéias e preceitos. No final, ele conhecerá o assunto mais completamente e com maior *insight* e profundidade do que o indivíduo com Mercúrio em movimento direto. Isto acontece porque ele literalmente não ignora nada. Nas áreas de aprendizado, fica relutante em passar por cima de um assunto que o deixe em dúvida. Sem levar em consideração a impaciência dos outros alunos, ele constantemente voltará a uma questão passada até que a resposta fique clara.

Por vocação inata, gosta de História, onde o estudo da natureza do homem traz a compreensão de como podemos presumivelmente agir no futuro. Gostando de ensinar os outros através de seu senso de perspectiva diferenciado, ele tem a habilidade de nos fazer conscientes de detalhes passados necessários no presente a fim de recapturar e juntar peças de um quebra-cabeça, que de outra maneira poderiam faltar. Para consegui-lo, parece sempre estar lutando com o fluxo natural das coisas, o que o leva a ser mal compreendido pelos que lhe estão próximos. Isto provoca nervosismo e irritação, quando um acúmulo suficiente desencadeia sentimentos de separação daqueles de quem gostaria de estar perto.

Por estar trazendo consigo idéias do passado, esquecidas mas ainda úteis, tende a manter contato com indivíduos que estão se adiantando no futuro, tão depressa que vão perdendo muitas peças atrás deles. Ele pode preencher estas lacunas tão logo parem para ouvi-lo.

Lidando com diferentes períodos de tempo simultaneamente, o indivíduo com Mercúrio Retrógrado age como um funil e como um intérprete. Sempre há uma mensagem vigorosa, mas ele hesitará em transmiti-la a menos que, na ocasião, se sinta aceito.

Na área da sexualidade esta posição torna difícil estabelecer, com o sexo oposto, uma comunicação que flua suavemente. Em alguns casos, isto pode indicar homossexualidade, especialmente se houver quadraturas ou conjunções com Marte, Vênus ou Netuno, ou ainda se estiver na Oitava Casa formando qualquer aspecto com Urano.

MERCÚRIO RETRÓGRADO
CARMA

O indivíduo com Mercúrio Retrógrado está aqui para vivenciar um Carma não resolvido, com respeito aos relacionamentos. Ele tende a reagir aos outros como se estes simbolizassem pessoas do seu passado. Assim, tem dificuldade em manter total concentração de sua consciência no "aqui e no agora".

Geralmente, isto se manifesta por dificuldades com a família e parentes, mas o problema de relacionamento está além da maneira de se comunicar com as pessoas; envolve também a percepção do universo como um todo. Muitas vezes há um problema inerente no Mercúrio Retrógrado, com respeito à visão do que poderia ser chamada de realidade invertida. O indivíduo tem dificuldade para compreender as verdadeiras relações básicas entre causa e efeito. Ele questiona a verdadeira essência da vida, ainda que freqüentemente não possa ver as mais simples ligações entre coisas, circunstâncias e pessoas. Perdendo-se em pensamentos que estão além da compreensão, ele precisa aprender a se satisfazer com a simplicidade básica sobre a qual a vida está fundamentada. Ele está tão decidido a descobrir aquilo que está além da compreensão que quase sempre não percebe o óbvio.

A partir de um ponto de vista Cármico, este indivíduo precisa aprender a concentrar sua atenção na realidade do presente ao invés de perder a si mesmo em todos os revestimentos transparentes que apreende. Uma vez que o faça, será capaz de estabelecer um ponto de referência firme no aqui e no agora, através do qual todas as descobertas que fizer podem ser expressadas para o mundo exterior.

MERCÚRIO RETRÓGRADO
EM ÁRIES

Aqui, o indivíduo está mais confortável durante a Fase I, onde sua sede por compreensão o está empurrando para a frente, através das qualidades Cardinais e Marcianas de Áries, fazendo com que experimente de novo uma parte primitiva da evolução de seu pensamento de encarnações passadas. Todos os seus pensamentos e padrões sensoriais refletem seus desejos quase infantis de provar sua capacidade mental.

Por não ter paciência, muitas vezes faz maus julgamentos através de opiniões impulsivas. Isto o coloca fora da seqüência do tempo com a maioria das pessoas com quem fala. Entretanto, este indivíduo é um forte argumentador, gostando do desafio da estimulação mental. Isto lhe permite provar que tem valor, embora as razões pelas quais se julga inadequado não se originem nesta vida. Constantemente pensando se é suficientemente bom aos olhos do mundo, ele se precipita à frente para provar que pode enfrentar os desafios de seu passado. Curiosamente, os indivíduos cuja compreensão ele originalmente queria não estão mais presentes.

Mercúrio Retrógrado está mais fora de harmonia com o signo de Áries durante a Fase III, onde o indivíduo está voltando, na consciência, a experimentar novamente coisas que já havia vivido. Por esta razão, este indivíduo odeia se repetir e lamenta ter que viver num mundo que perde sua estimulação intelectual por reconsiderar, constantemente, ações que já havia concluído.

MERCÚRIO RETRÓGRADO EM TOURO

Aqui, o indivíduo está mais confortável na Fase III, onde as qualidades receptoras de Touro regido por Vênus, lhe permitem ficar no seguro conforto de compreender um passado que já viveu. Ele pensa devagar e cuidadosamente e, mesmo após ter completado a ação, mentalmente volta a ela para se assegurar de que estava certo. Algumas vezes se fixa num pensamento por tanto tempo que a idéia se torna uma verdadeira obsessão. Está sempre mais consciente dos sentimentos da linguagem do que de sua interpretação mental e, num esforço para transmitir estes sentimentos, atribuirá mais egocentrismo às palavras do que têm na realidade. Esta é sua qualidade mais negativa e é característica da Fase I, onde ele está menos confortável. Ele não gosta de impressionar os outros exteriormente, pois, embora possa ter exagerado sentimentos interiores de auto-importância, na realidade é muito introvertido.

Ainda assim, este indivíduo aspira alcançar muito crescimento mental, e está disposto a trabalhar bastante para consegui-lo; evitando o que vem facilmente, prefere a estrada mais longa, certa e segura.

Suas preocupações a respeito de dinheiro e seus medos sobre o futuro são símbolos Cármicos de problemas que já viveu no passado. Agora, está revivendo todos seus pensamentos de insegurança, numa tentativa de se convencer de que está a salvo. Freqüentemente fala consigo mesmo para que, escutando o som interior de sua voz, possa finalmente acreditar em sua própria certeza. Ele gosta de pensar que tudo o que viveu foi lógico, prático e parte de um padrão de crescimento que faz sentido para ele. Talvez sua maior força, vinda de encarnações passadas, seja saber como ser um construtor na forma e ele pode ser muito criativo para outros indivíduos durante a Fase I, onde exterioriza suas idéias exatamente para aqueles que precisam saber como juntá-las.

MERCÚRIO RETRÓGRADO EM GÊMEOS

Aqui, o indivíduo experimenta a adaptabilidade mutável de Gêmeos, uma vez que esta age em Mercúrio Retrógrado movendo-se em suas três fases. Devido à dupla natureza do signo e sua intensa procura por compreensão, juntamente com uma mutabilidade que varia de acordo com influências externas, este indivíduo é capaz de sentir conforto em cada uma das três fases Retrógradas.

Na realidade, ele está em diferentes níveis de pensamento, simultaneamente. Esta habilidade de experimentar diferentes freqüências de pensamento, ao mesmo tempo, faz com que seja possível lidar com a hipocrisia melhor do que qualquer outra colocação zodiacal. Ele pode ser um comunicador extraordinariamente ágil, mesmo que algumas vezes seus pensamentos pareçam um pouco divididos e isto porque, embora tenha dificuldade em reunir as coisas, tem grande habilidade para ver imediatamente a essência de uma idéia.

Ele é bom poeta e músico, mas algumas vezes fica mentalmente confuso por tentar testar seus poderes de pensamento.

Em alguns casos há resíduo de vida passada de uma relação com um irmão ou irmã. E, quando dificuldades óbvias nesta área continuam na vida presente, ele ainda tenta resolver a encarnação passada através dos personagens atuais. Seu Carma está no relacionamento com os outros, e tudo por que passa nesta vida é parte do seu aprendizado para compreender a natureza da dualidade dentro de si mesmo. Sua maior força é ser um estudante nato, e conquanto possa demorar mais para aprender qualquer coisa, do que o indivíduo com Mercúrio em movimento direto, ele finalmente as entenderá num nível mais profundo.

MERCÚRIO RETRÓGRADO EM CÂNCER

Nesta posição, o indivíduo experimenta sua maior harmonia durante a Fase III, onde é capaz de absorver o conhecimento de todos os outros indivíduos que o levam a reviver, através de sua memória, os pensamentos de tudo que experimentou. Sua mente e suas emoções estão tão ligados que todo pensamento cria um sentimento e vice-versa. Ambos estão tão profundamente enraizados na experiência passada que ele continua tentando recriar sua infância e, por esta razão, a educação é importante, pois muitas experiências da infância serão trazidas como resíduo, durante toda a vida.

Esta pessoa é emocionalmente sensível e precisa, ao mesmo tempo, de liberdade de pensamento e segurança emocional. Este é um equilíbrio difícil de alcançar pois se ele se apóia nos outros para ter segurança, perde sua liberdade de pensamento e perderá sua segurança emocional que obteve se apoiando em outros. O mais fácil é crescer emocionalmente possessivo de seus pensamentos, o que, infelizmente, pode levá-lo a muitos complexos neuróticos dos quais é incapaz de se libertar. É muito difícil para ele enterrar o passado e ir para o futuro, livre e íntegro. Por analisar suas emoções ao invés de deixá-las fluir, ele pode realmente fortalecer os estados emocionais negativos, tornando-os maiores do que são na realidade, sem nem mesmo percebê-lo.

Ele trouxe consigo para esta encarnação muitos pensamentos de dependência do passado e é através destes pensamentos que continua representando papéis de filho-pai com todos os que se relaciona. Procurando satisfação emocional e mental ao mesmo tempo, sente-se incompleto ao receber uma sem a outra. Ele não compreende inteiramente o conceito de crescimento e continua se achando incapaz de largar as primeiras fases de sua vida. Posteriormente, ele desenvolve uma comunicação muito bonita com as crianças, que, finalmente, mostrará ser uma de suas maiores forças.

MERCÚRIO RETRÓGRADO EM LEÃO

Nesta posição, a maior harmonia entre o planeta e o signo se encontra na Fase I do Processo Retrógrado. Aqui o indivíduo procura irradiar exteriormente seu conhecimento autoritário, a fim de tentar influenciar o futuro agora. Ele continua tentando pensar numa maneira de conquistar obstáculos futuros. Em seu entusiasmo, pode ter uma forte tendência ao exagero e, sendo muito orgulhoso, silenciosamente inveja toda grande realização na qual não tenha pessoalmente participado.

Ele está menos confortável na Fase III, onde não se sente participante de tudo o que vê acontecendo à sua volta.

Pensamentos de poder de vida passada continuam penetrando na mente consciente, fazendo-o ansioso por conquistas; na verdade, ele, às vezes, pensa estar sendo pressionado em direção a elas. Isto provavelmente foi verdade em uma de suas encarnações passadas, mas confundindo o passado com o presente, tenta pressionar seu pensamento consciente também nesta vida. Gosta da atenção que recebe dos outros durante a Fase I e sente muito a sua falta na Fase III, onde seu orgulho interior o impede de pedir atenção para suas necessidades. Na verdade, ele não está completamente confortável também na Fase I, pois sua honestidade Leonina o impede de gabar-se antecipadamente. Assim, seja qual for a fase que está experimentando, tende a guardar muito dentro de si. Embora encarnações passadas tenham lhe ensinado a ser ambicioso o suficiente para transcender estruturas limitadas ou idéias insignificantes, é a frustração do Processo Retrógrado que lhe torna difícil ser sempre capaz de expressar o que sabe. Seu maior trunfo está em sua habilidade de avaliar a totalidade das situações onde os outros vêem apenas *flashes*.

MERCÚRIO RETRÓGRADO EM VIRGEM

Aqui, o indivíduo sente os benefícios da soberania planetária através da qual as qualidades mutáveis de Virgem se combinam com a infinita curiosidade de Mercúrio para possibilitar um grau de conforto em todas as três fases Retrógradas. A menor harmonia com o signo ocorre na Fase I, onde o indivíduo está tentando saltar à frente de si mesmo, mas ainda não pode tornar em realidade tudo o que quer fazer. Isto explica o extremo nervosismo encontrado durante a primeira fase. Como resultado, há uma tendência a permanecer um pouco mais na Fase II, que é onde o indivíduo pode manifestar o que lhe é familiar. Então, durante a fase final ele demonstra suas tendências excessivamente críticas enquanto olha para trás, para tudo que estava concluído, estudando suas falhas e comparando-as com o ideal em sua mente.

Ele pode parecer frio e rigoroso, demonstrando pouca tolerância a irregularidades, e possuindo fortes opiniões sobre o que é certo e errado, no sentido de como os outros deveriam viver suas vidas. Contudo, ele se afasta da aflição de relacionamentos estreitos, sentindo-se muito mais confortável quando há uma ligeira distância entre ele e os que o rodeiam. Não sendo uma posição de Mercúrio particularmente calorosa para relacionamentos pessoais, esta posição dá ao indivíduo as habilidades de um pensador imparcial e altamente qualificado.

Em encarnações passadas, ele viveu experiências que lhe ensinaram um método particular de pensamento sobre como resolver todas as complexidades dentro de si mesmo e do universo. Ele aprendeu a ver uma lacuna importante entre a maneira como o mundo funciona na realidade e como funcionaria em seus ideais. Descobriu que mecanismos de todas as espécies podem estar mais próximos aos ideais que viu, do que o mecanismo dos relacionamentos humanos. Assim, em todas as suas atitudes com as pessoas, ele tenta fazer com que tudo se encaixe nestes ideais computadorizados, estabelecidos há muitos anos, no passado. A felicidade vem de sua confiança em resolver problemas que envolvam detalhes com os quais os outros são incapazes de lidar. Ele pode não ter muitos amigos, mas os que lhe estão próximos serão discriminadamente escolhidos a dedo.

MERCÚRIO RETRÓGRADO
EM LIBRA

Para um Mercúrio Retrógrado, esta é uma das posições mais difíceis. Durante as Fases I e III, o indivíduo se sente fora de equilíbrio com a delicada necessidade de Libra por centralização. Durante a Fase II, quando experimenta um pouco do passado juntamente com o presente, bem como uma pequena indicação de que no futuro ele estará voltando ao exato lugar em que se encontra agora, ele pode ficar em maior harmonia com as qualidades básicas de Libra e a permanência nesta fase por mais tempo será a responsável por seu forte sentimento de falta de direção.

Ele traz a esta vida um Carma de indecisões em seus processos de pensamentos, e, enquanto continua oscilando de um lado para outro, as pessoas perto dele dificilmente compreendem qual a sua posição. Ao mesmo tempo, não estando seguro sobre as direções a que o levam suas decisões, está sempre querendo saber se as pessoas do seu passado aprovariam, ou não, as decisões que toma agora.

Às vezes, pode ser muito voluntarioso e se o Mercúrio Retrógrado estiver mal aspectado, até mesmo desonesto. Ele valoriza o tato e a diplomacia acima da verdade; é interessante notar que a definição, no dicionário, da palavra "tato" é "cautela, prudência".

Na vida presente, este indivíduo tem conflitos com seus pais, e como adulto continua pensando que precisa se harmonizar com eles. Na verdade, ele tenta fazê-lo com todos os que encontra e ainda assim mistura seus níveis de pensamentos e de sentimentos e pode temer a auto-expressão. Freqüentemente pensa que, ao se expressar, não seria aceito por aqueles cujo amor deseja e isto pode levá-lo a ver o mundo através de lentes cor-de-rosa, tendendo a se abster de ser pessoalmente responsável por seus pensamentos. Conseqüentemente, tem dificuldade em conhecer sua própria identidade e o mais interessante é que isto é exatamente o que lhe permite ser de grande ajuda para o equilíbrio dos outros, uma vez que, de momento a momento, ele se coloca no lugar de uma pessoa e depois no da outra, para entender as situações de todos os possíveis pontos de vista.

MERCÚRIO RETRÓGRADO
EM ESCORPIÃO

Aqui, o indivíduo experimenta sua melhor união durante a Fase I, onde a necessidade de Mercúrio por atividade se combina com a procura de Escorpião por descobertas, perturbando o indivíduo o suficiente para que desenvolva o forte desejo de ir adiante, para áreas que ainda lhe são desconhecidas. Como resultado, ele desenvolve uma mente extremamente aguçada, com a habilidade de examinar novamente as coisas (durante a Fase III) a fim de encontrar sua profundidade que os outros não perceberam. Ele é capaz de redescobrir o que foi enterrado no passado e isto o faz ter sucesso em qualquer coisa de natureza científica.

Sendo incomumente profundo, ele é totalmente capaz de resolver seus próprios problemas. Assim, tende a ser mais silencioso, raramente verbalizando qualquer coisa que o incomode. Ao mesmo tempo, sua mente consciente pode ser destrutiva quando vê coisas que não estão de acordo com suas expectativas idealistas.

Ele pode ser sexualmente desinteressado, faltando-lhe, a nível sexual, o calor que os outros esperam. Ao mesmo tempo, a nível mental, pode ser sexualmente preocupado.

Havia muita revolta de vida passada na experiência consciente e, agora, o indivíduo precisa tirar a energia desta revolta para evitar que sua consciência presente deslize para qualquer experiência negativa. Assim, ele pode suspeitar dos outros, ser contundente e sem diplomacia, mas procura saber a verdade a todo custo. Com esta posição planetária, a mente consciente funciona melhor quando concentrada na viagem espiritual.

Muitas pessoas com Mercúrio Retrógrado em Escorpião vivenciaram numa encarnação passada, quando jovens, a separação de alguém amado. Isto ajuda a tornar possível, para tal indivíduo, ser capaz de posicionar-se com muita força nesta vida, carregando uma solidão interior que, no entanto, fortalece sua individualidade.

MERCÚRIO RETRÓGRADO EM SAGITÁRIO

Esta é verdadeiramente uma alma perdida, que necessita de muita ajuda dos outros para encontrar a si mesmo na grande extensão de suas divagações mentais. Em outras encarnações ele foi aquele que buscava, mas suas vagueações ainda não estabeleceram um quadro central de referência dentro do qual ele possa catalogar sua informação. Ele ainda tenta abranger tantos assuntos que muitas vezes não sabe quando começar a falar, ou o que é realmente relevante para se falar a respeito.

Esta posição torna difícil a concentração, pois enquanto o indivíduo tenta se concentrar profundamente num determinado assunto, seus pensamentos sempre são interrompidos por distrações externas que o fazem sentir que, seja o que for que estiver pensando, dificilmente merecerá muita atenção. Assim, ele deixa muitos problemas não resolvidos, na vida. Ele obtém muito dos signos de Terra, pois estes lhe oferecem a estabilidade que precisa.

Sua maior dificuldade está em sua mente querer compreender tudo que existe abaixo do céu, a fim de levar a informação de volta a algum tempo passado e utilizá-la num problema ainda não resolvido. A dificuldade aqui é que a informação adquirida geralmente é superficial e dispersa, a ponto de se tornar muito difícil utilizá-la em qualquer área. Infelizmente, ele continua tentando usar a sabedoria impessoal de Júpiter, que reflete as grandes verdades cósmicas, em seus próprios problemas pessoais no passado, ao invés de elevar seu ser pessoal da vida presente a um nível cósmico.

Ele não gosta que os outros lhe imponham seus pensamentos, pois está utilizando muito de sua independência mental para conseguir a retificação de uma injustiça passada, mas, por estranho que pareça, o efeito jupiteriano é dispersar Mercúrio o suficiente para que ele não o consiga, ainda que continue tentando. Mesmo quando vem para o presente, ele tende a exagerar todos estes pensamentos que são fora de proporção com as realidades que representam.

Neste signo, Mercúrio experimenta dificuldades durante todas as três fases do Processo Retrógrado, não tendo jamais a oportunidade de experimentar uma influência estabilizante suficiente para tornar um pensamento claro e preciso num modo natural de viver.

A despeito de tudo isto, ele é, por estranho que pareça, um mensageiro místico espiritual para todos que encontra.

MERCÚRIO RETRÓGRADO EM CAPRICÓRNIO

Este indivíduo é um pensador de muita profundidade e peso. Uma vez tendo cometido um erro, tem a habilidade de entendê-lo num nível profundo e com grande senso de perspectiva, podendo, então, novamente se aproximar de sua origem ou de uma estrutura semelhante, e fazê-lo funcionar corretamente.

Nos primeiros anos de sua vida, ele parece fazer as coisas do modo mais difícil, mas isto o ajuda a sair-se bem, muito mais tarde. A auto-expressão lhe é difícil, pois ele tenta mostrar com precisão seu exato significado. Assim, gosta de falar apenas sobre coisas significativas, sérias, ou que representem sobriedade. Ele não vive uma vida espontânea, pois lhe é mais fácil estar em maior harmonia com o propósito dos seus próprios padrões de pensamento do que com o fluxo natural das forças no mundo ao seu redor. Em todas as coisas, considera sempre o resultado final, antes mesmo de considerar os passos que deve dar em sua direção. Assim, é altamente pragmático e prático.

Trazendo consigo, a esta encarnação, o conhecimento de como o homem atinge seus objetivos físicos em substância, sabe os passos que precisa dar para realizar qualquer coisa importante, e se referirá sempre a este conhecimento de vida passada, a fim de tentar transmiti-lo aos que estão sempre procurando a saída mais fácil. Ele será melhor compreendido mais tarde em sua vida, depois que o peso de seus pensamentos tiver encontrado saídas adequadas na sociedade tradicional. Na primeira metade de sua vida, pode passar por períodos paranóides, nos quais fica atolado em sua própria profundidade. Ainda assim, ele é mais do que capaz de, com muito esforço, encontrar seu caminho de volta para fora.

Suas maiores dificuldades são os relacionamentos pessoais, uma vez que os outros tendem a perder a paciência com tudo que ele está tentando construir, mas, mesmo assim, a maior força desta posição acontece na Fase III do Processo Retrógrado, onde vendo seus pensamentos cristalizados do passado, ele é capaz de absorver mais conhecimento para uma futura construção.

MERCÚRIO RETRÓGRADO EM AQUÁRIO

Esta é uma das melhores posições para Mercúrio Retrógrado. A qualidade uraniana etérea de Aquário permite que Mercúrio encontre ampla possibilidade para experimentar o tríplice Processo

Retrógrado confortavelmente, através de diferentes dimensões de tempo e espaço. Na Fase I, o indivíduo sente-se feliz saltando para o futuro, mas não deseja se expandir no espaço das outras pessoas. Durante a Fase III, sente-se feliz por não violar o espaço alheio e não é infeliz ao reexaminar o passado a fim de obter novas revelações que serão úteis em ainda outro momento futuro. Na vibração cruzada da Fase II, vive um descanso momentâneo de suas explorações, mas pode ser feliz ajudando a outros. Assim, durante as três fases, há algo neste Mercúrio Retrógrado em Aquário, que torna o indivíduo belamente único e original.

Embora possa parecer que ele nem sempre possua bom senso e algumas vezes mostre menos estabilidade do que os outros gostariam de ver, tem um enorme leque de idéias vindas de lugares tão inusitados que a sociedade geralmente prefere não vê-las. Ele pode trazer consigo um conceito tão antigo quanto o tempo, transformando-o levemente numa idéia que talvez não seja aceita senão mil anos depois de ter sido proposta. Suas energias mentais movem-se rapidamente ao invés de se prenderem num foco específico por muito tempo, e ele é capaz de discutir uma ampla variedade de assuntos numa única conversa. Embora pareça não chegar ao ponto desejado, ele o faz das maneiras mais curiosas. E é mais compreendido pelos outros — dias, semanas ou meses depois que estiveram com ele, do que no exato momento do contato. Ele é tão inventivo que freqüentemente traz consigo, de uma vida passada, os detalhes necessários a uma grande engenhosidade, para o tempo presente, onde o mundo talvez esteja mais pronto a aceitar suas idéias.

MERCÚRIO RETRÓGRADO
EM PEIXES

Com esta posição o indivíduo pode experimentar muita confusão na mente consciente. Ele continua pensando que está perdido e, contudo, não consegue indicar com rapidez e precisão a diretriz de seu sentimento. Numa encarnação passada ele experimentou um grande desespero em seus pensamentos. Agora, continua recriando aquelas mesmas circunstâncias e acontecimentos que lhe permitem reviver este desespero para que, de alguma maneira, possa finalmente encontrar a solução que esteve procurando. Ele descobrirá que pode encontrar suas respostas somente quando estiver consciente das perguntas que faz.

Uma de suas dificuldades é não saber separar as energias mentais da intuição. Perdendo-se na imaginação, nos pensamentos e em fantasias, pode ficar fora de contato com as asperezas da realidade. Muitas vezes pensa que os outros não compreendem o alcance das idéias que está tentando expressar. Ele pode saber e compreender coisas que estão além das palavras, mas, quando tenta expressá-las verbalmente, sente que literalmente perdeu a essência da idéia.

Trazendo consigo, para esta encarnação, um senso de idealismo cósmico, que lhe é difícil explicar, experimenta um verdadeiro conflito, entre participar do mundo como o vê agora e desejando escapar dele. Ele não pensa realmente em si mesmo como sendo verdadeiramente merecedor da aprovação dos outros, mas, ao mesmo tempo, se pergunta se os valores de aceitação social correspondem de fato a alguma realidade.

Está mais confortável na Fase III do Retrógrado, onde, em sua vibração receptora, pode pensar a respeito de tudo o que já viveu. Sente-se menos confortável na Fase II, onde através da vivência real de tudo o que já vislumbrara no passado tem pouca oportunidade para expressar sua imaginação e originalidade criativa.

MERCÚRIO RETRÓGRADO NA PRIMEIRA CASA

Aqui, o indivíduo está mais confortável na Fase I da experiência Retrógrada, onde o pensamento está concentrado na expectativa do autoprogresso. Ele é impaciente, tendendo a pular para conclusões que mais tarde precisarão ser corrigidas. Todo o horóscopo adquire uma qualidade infantil, uma vez que muitas das energias planetárias estão voltadas para o interior, focalizando-se no "eu".

Esta posição tende a levar o indivíduo a se ligar a pessoas jovens e imaturas. Ele traz a esta encarnação um Carma muito básico, em seu autodesenvolvimento. Não compreendendo inteiramente como concentrar suas energias mentais exteriormente, torna-se parte de tudo o que pensa estar projetando. Assim, sente dificuldade em saber onde ele termina e onde começa o mundo exterior. Como uma criança, precisa de atenção, mas, quando a consegue, nem sempre sabe o que fazer com ela. Ele se lança precipitadamente em situações, apenas para, uma vez nelas, refugiar-se em si mesmo. Seu maior problema é descobrir quem realmente é, por estar passando por um Carma de constante questionamento de sua auto-identidade. E, novamente, como uma criança, fica muito impaciente para descobrir; nunca esperando que a compreensão do mundo venha até ele, atira-se a ela para saber tudo que puder — ontem.

Ainda assim, quando encontra o que pensa ter estado procurando, tem dificuldade para avaliar o que sabe.

O Astrólogo deve esperar um ligeiro desequilíbrio em todos os outros planetas no horóscopo que tiver esta posição, uma vez que a lente focal de Mercúrio, para expressar todas suas energias, está sujeita ao tríplice Processo Retrógrado.

MERCÚRIO RETRÓGRADO
NA SEGUNDA CASA

Aqui, o indivíduo está mais confortável durante a Fase III, onde muitos de seus pensamentos são construídos tendo como base tudo o que ele já viu no passado. Ele pode defender os sistemas de valores que trabalhou tanto para cristalizar e, tornando-se facilmente possessivo de seus pensamentos passados, pode se fixar numa obsessão após outra.

Ele concentra excessiva atenção no dinheiro e, apesar disso, dependendo da fase em que está no momento, pode ser sábio com um tostão e tolo com um milhão. A dificuldade nesta posição é que os processos de pensamento podem se tornar tão profundamente enraizados na matéria, que fica difícil ao indivíduo ver a importância relativa de outros níveis de vida.

Ele tende a se repetir muito e, às vezes, aborrece os que estão à sua volta. Esta é uma posição muito difícil para que Mercúrio fique suficientemente livre para permitir ao indivíduo experimentar o pleno alcance dos mecanismos de reações conscientes. Em quase tudo o que faz é uma pessoa de hábitos e muitas vezes sente dificuldade para mudar qualquer padrão de comportamento passado que esteja associado a excessos. Algumas vezes, esta posição pode levar ao excesso de peso, pois a necessidade de Mercúrio Retrógrado por expressão oral, combinada com as qualidades possessivas da Segunda Casa, e o grande amor por comida, de Touro regente, faz surgir o desejo de comer exageradamente. Em outras ocasiões, as qualidades de posse da Segunda Casa se combinam com o voltar-se para dentro de Mercúrio Retrógrado, para gerar um indivíduo com propensão à úlcera que, ao invés de expressar todos os seus valores, se exaspera pensando por que o mundo não os aceita.

Este é o indivíduo que traz a esta vida um Carma de pensamento cristalizado em seus sistemas de valores, aos quais se agarra teimosamente muito tempo depois que sua expressão seja adequada para o mundo. Ele pode ser a mais feliz das pessoas, uma vez que transcenda padrões de velhos hábitos que constantemente o seguram.

MERCÚRIO RETRÓGRADO
NA TERCEIRA CASA

Aqui, Mercúrio Retrógrado aparece na casa que governa. Como tal, experimenta uma grande flexibilidade, enquanto se move em suas três fases. O indivíduo é mentalmente muito ativo e concentra muito das energias de seu mapa natal, tentando ser compreendido pelos outros. Muitas vezes ele inibe sua expressão total se sentir que os outros vão entender o que está dizendo, de maneira errada; ainda assim, há muita coisa que gostaria de dizer. Quando está na Fase III, gasta muita energia voltando aos pensamentos para se assegurar que foram expressados exatamente do modo como pretendia.

Suas maiores dificuldades estão nos relacionamentos com os outros, uma vez que tenta sincronizar seus critérios com os que estão à sua volta. Algumas vezes há problemas familiares com um irmão ou irmã.

Com esta posição, o indivíduo traz, para a vida atual, um forte Carma de relacionamento. E, uma vez que está sempre estudando as relações entre todas as coisas e pessoas em sua vida, constantemente muda seu comprimento de onda de acordo com o que sente ao seu redor. Algumas vezes isto pode provocar gagueira ou dificultar a expressão mental. Assim, a despeito de possuir uma mentalidade flexível, tem grande dificuldade para ser fluente quando tenta expressar o que sabe. Ele pode se atolar no uso da linguagem, pois constantemente procura encontrar a palavra certa que explicará tudo o que quer transmitir. Então, depois de ter falado, testará a reação ao que disse, para saber se deve pular para outra Fase Retrógrada ou permanecer mais naquela que pode estar se revelando bem-sucedida. Contudo, ele é um dos pensadores mais analíticos do zodíaco.

MERCÚRIO RETRÓGRADO
NA QUARTA CASA

Aqui, o indivíduo está mais confortável durante a Fase III, onde pode absorver tudo o que representou memórias passadas de segurança. Assim, passa muito tempo nesta Fase Retrógrada, introspectiva e receptora, onde se sente mais seguro.

Sua infância foi importante, uma vez que, agora, muitos de seus pensamentos se concentram nos sentimentos que teve nesta época. Ele pode pensar que as necessidades dos outros é que o estão retendo, particularmente as de sua própria família, mas, na realidade, é, acima de tudo, a sua necessidade de se expressar num meio ambiente no qual esteja positivamente seguro de si mesmo. O mundo exterior não oferece tal meio ambiente. Assim, nem sempre expressa, de maneira certa, a originalidade de sua identidade e de seus propósitos, mas, pelo contrário, tende a demorar-se em etapas infantis de lamentações sobre as razões de sua vida não estar florescendo da maneira que ele pensa que deveria.

Ele traz a esta encarnação um Carma que está retendo seus processos mentais nas etapas iniciais de seu desenvolvimento emocional. Portanto, somente através de seu nascimento em níveis emocionais mais novos e mais elevados é que lhe será dada a segurança para se expressar adequadamente no plano mental.

Sente-se confuso entre domínio e submissão, pois percebe a qualidade Cardinal transbordante da Quarta Casa e, ao mesmo tempo, é emocionalmente tão imaturo ao se expressar exteriormente que tende a guardar dentro de si todo este conflito, impedindo, desse modo, sua expressão, exceto por algumas formas mais limitadas que não o fazem inteiramente feliz.

Esta é uma posição muito difícil para Mercúrio Retrógrado pois colore todo o mapa natal com pensamentos emocionais passados que, dependendo de sua natureza, irão permitir ou impedir que o resto do horóscopo se expresse.

MERCÚRIO RETRÓGRADO NA QUINTA CASA

Aqui, o indivíduo está mais confortável na Fase I, embora as três fases representem frustrações em seu estilo de vida. Experimentando dificuldades para concentrar suas energias mentais, está trabalhando num Carma, aprendendo a fazer seu plano mental ser produtivamente criativo.

A curiosidade o leva a saltar à frente, na profusão de idéias que gostaria de criar, embora lhe seja muito mais fácil pensar sobre esta criação ou dizer aos outros o que gostaria de criar do que, na realidade, executar completamente seus projetos.

Ele experimenta muitas tensões sexuais, cujas energias estão constantemente transbordando em seus centros mentais. Sente-se atraído por pessoas mais jovens, e acha mais fácil expressar, para elas, as qualidades radiantes da primeira fase, ao invés da tendência natural introvertida do Retrógrado.

Quando em companhia de pessoas de sua idade ou mais velhas, torna-se mais inibido. De todas as doze casas, esta qualidade torna-se aumentada aqui, pois o indivíduo enfrenta o conflito entre ser o protagonista ou um espectador de sua vida, através da observação das ações de outros.

Gosta de ler romances, bem como estórias que falem sobre como as pessoas alcançaram a grandeza, mas lhe é difícil colocar seu conhecimento em prática. Freqüentemente pensa que deveria estar fazendo mais do que está e isto mantém sua mente correndo cada vez mais para adiante, para o futuro, enquanto a qualidade natural dos Retrógrados de olhar para trás continua recebendo *flashes* de quão pouco ele realizou em seu passado. Ele precisa aprender a superar estes frustrantes quadros mentais que continuam impedindo-o em tudo o que ele pensa que poderia ser.

Algumas pessoas com esta posição tendem a se afastar do sexo oposto, pois problemas de infância são reprojetados em indivíduos do sexo oposto em seu presente e futuro. Além disso, há a tendência de projetar suas próprias inadaptações da infância em seus filhos.

O Carma nesta posição é ser capaz de entender como organizar e criar o presente a partir de tudo que o indivíduo teve consciência no passado.

MERCÚRIO RETRÓGRADO
NA SEXTA CASA

Aqui, Mercúrio se encontra na casa que rege. As qualidades mutáveis da Sexta Casa combinam com a flexibilidade natural de Mercúrio para dar ao indivíduo uma abordagem profundamente analítica à organização de sua vida.

Enquanto experimenta um grau de conforto em todas as três fases, ele ainda passa por dificuldades para se dar bem com os outros, particularmente em situações de trabalho. Durante a Fase I, muitas vezes tenta incutir suas idéias nos outros, enquanto na Fase III ele criticamente volta atrás no tempo para analisar se estas idéias foram postas em prática de maneira certa ou não. Por causa das reações dos outros, torna-se muito nervoso. Pensando que as pessoas esperam coisas dele, desenvolve o sentimento de obrigação para com elas. Para organizar seus hábitos de trabalho, precisa entender o resultado final e recuar aos passos iniciais que o levarão para onde está indo.

Ele pode ser muito crítico consigo mesmo, e gasta muita energia pensando se deve continuar julgando seu ser interior ou concentrar suas energias mentais para o exterior, numa tentativa de, servindo aos outros, superar suas falhas. Todavia, algumas vezes os outros recusam sua ajuda e, assim, ele se frustra ao lidar com as pessoas.

Ele é muito melhor para organizar coisas do que pessoas. Uma de suas maiores dificuldades é a tendência a atrelar sua vida a restrições auto-impostas. Algumas vezes aceita responsabilidades que ele pensa que não deveria, enquanto se afasta daquelas que acha que deveria aceitar. Ele traz a esta vida um Carma de discriminação, através do qual está constantemente tentando fazer com que todas as coisas e pessoas se encaixem em sua preconcebida ordem do universo.

Ele é um excelente trabalhador, especialmente nas áreas em que tenha a mesma atuação criada no passado. Ele precisa aprender a ser mais tolerante com o fator humano, a fim de que seus elevados ideais de ordem e perfeição não o levem a uma atitude negativa para com as pessoas com quem trabalha e com a sociedade em que vive. Ele precisa um dia chegar a ver que tem uma forte tendência para julgar a si mesmo por seus ideais, ao mesmo tempo em que julga os outros por suas ações.

MERCÚRIO RETRÓGRADO
NA SÉTIMA CASA

Esta é uma das posições mais difíceis para um Mercúrio Retrógrado, uma vez que o esforço do indivíduo para analisar é sempre influenciado pelo que vê através dos olhos dos outros. Assim, passa muito tempo na Fase III, voltando e separando as coisas que já viveu para ver se elas se equilibram com as preferências ou aversões das pessoas que ama. Sente-se frustrado no casamento, na carreira e na família, pois procura continuar voltando para trás e harmonizar todas as idéias dos que estão à sua volta. Ele pode sentir raiva por não ser capaz de passar tempo suficiente pensando a respeito de si mesmo. É freqüentemente mal compreendido por aqueles a quem está tentando explicar as coisas, porque tende a concentrar as suas energias mais através de suas mentes do que através da sua. Isto o torna nervoso na presença das pessoas e, como resultado, nem sempre se expressa com seu melhor potencial. Seu companheiro no casamento pode ser infantil e em alguns casos ele pode, na realidade, estar procurando, neste companheiro, as qualidades passadas de uma irmã ou irmão.

Ele é muito indeciso, e a menos que outros fatores do mapa natal sejam muito fortes, tende a depender dos outros para lhe dar apoio, porque está inseguro das decisões que toma por si mesmo. Ao mesmo tempo, pode rapidamente tomar decisões pelos outros. Freqüentemente se encontra em situações opostas, tornando-se o mediador de pontos de vista contrários. Carmicamente, ele está aprendendo a equilibrar o foco de suas idéias através das necessidades dos que estão à sua volta. Isto impede sua auto-expressão, mas ao mesmo tempo intensifica sua habilidade de compreender os outros. Ele freqüentemente volta, reavaliando idéias que outros examinaram superficialmente, vendo ambos os lados da questão e, assim, no final, ele é capaz de desenvolver uma perspectiva mais ampla. O que torna esta posição tão difícil é a tendência a usar suas energias de uma

51

maneira mais impessoal. Deste modo, é melhor usá-la voltada para o lado exterior da vida do indivíduo do que para necessidades pessoais íntimas.

Certamente, a frustração aqui é que Mercúrio é um planeta pessoal e, sendo Retrógrado, tende a ser introvertido. Embora aqui, na Sétima Casa, não possa atuar pessoalmente, nem de uma maneira introvertida.

MERCÚRIO RETRÓGRADO NA OITAVA CASA

Aqui, Mercúrio está altamente energizado pelas revoltas Plutoninas que provocam o fim de capítulos na vida do indivíduo. Ele passa muito tempo na Fase III, reavaliando constantemente os caminhos nos quais se reabilitou em níveis mais elevados de consciência. Com esta posição, ele é um pensador extraordinariamente profundo e seus processos de pensamento vão direto ao significado intrínseco da vida.

Ele pode muitas vezes ter problemas sexuais, pois a profundeza de seus pensamentos o faz constantemente questionar o valor de toda expressão física. Ele nunca aceita respostas superficiais para suas perguntas, mas, pelo contrário, procura saber o porquê definitivo de tudo que existe. Ele tende a se afastar de relacionamentos íntimos e, mesmo estando envolvido, guarda muitos de seus pensamentos para si mesmo, enquanto silenciosamente observa o significado de tudo que o rodeia.

Ele traz a esta vida a herança da procura, onde continuamente repassa o significado mais profundo que puder encontrar para tudo que observa. Algumas vezes, pensa estar alienado da sociedade e, a menos que seja uma Alma altamente evoluída, pode facilmente se tornar o resultado de pensamentos destrutivos. E, se realmente tiver tais pensamentos, pode na realidade aumentá-los, absorvendo pensamentos semelhantes da consciência universal, durante a Fase III do Processo Retrógrado.

Ele precisa aprender como mudar suas visões do passado, incluindo as de sua herança e de seus antepassados, em formas mais apropriadas que combinem agora com ações construtivas.

Carmicamente, ele é um regenerador do pensamento humano, e precisa aprender a ouvir cuidadosamente os conselhos que dá aos outros, pois, no fim, estas mesmas palavras mostrarão ser seu próprio guia.

MERCÚRIO RETRÓGRADO
NA NONA CASA

Aqui na Nona Casa, Mercúrio encontra, de longe, sua posição mais difícil. Quer o indivíduo esteja se movendo para adiante ou para trás, se expandindo ou se retraindo nas dimensões de tempo ou de espaço, ele está, apesar disso, muito afastado do centro de tudo que vê para tornar sua percepção acurada, de uma maneira pura.

Assim, enquanto tenta harmonizar as energias com as quais está lidando, ele pode na realidade se tornar filosófico a respeito de trivialidades e considerar trivialidades os amplos *insights* filosóficos que representam as respostas para a sua vida. Ele tem dificuldade para aceitar conselhos dos outros e tende a dar ênfase às áreas fixas em seu horóscopo, que lhe permitem conservar sua liberdade de propósitos. Geralmente é contra todas as amarras, e, em sua corrida de lá pra cá, percorre uma distância muito maior do que pode pessoalmente usar para si mesmo; mas isto faz com que contribua muito para dar informação aos outros e enquanto ele mesmo pode experimentar muita confusão, para os outros ele é um mensageiro do passado, de mente elevada, tentando desesperadamente coordenar tudo que vê, numa linguagem inteligível para todos com quem fala.

Ele é muito independente e raramente aceita uma abordagem tradicional à vida. Se mal usada, esta posição pode tornar o indivíduo um guloso mental ou espiritual, procurando mais e mais bocados de informação que nunca lhe dão a sabedoria que ele pensa estar procurando. Ele tende a ser um mau organizador, mostrando seus pensamentos de tal maneira que se torna extremamente difícil entendê-lo. Geralmente ele está tentando ir numa viagem espiritual e, mesmo assim, está tão enraizado no plano mental a ponto de tudo o que vive voltar à mente inferior, onde perde a maior parte de suas qualidades espirituais.

Verdadeiramente este é o tipo de indivíduo que pode experimentar o Nirvana e, então, por repetir mentalmente uma pergunta atrás da outra, analisá-lo até que se torne despojado de seu significado essencial. E, como resultado, de muitas maneiras, esta é a pessoa que está sendo carmicamente testada para superar sua mente inferior. Quanto mais a utiliza, menos ela trabalha para ele. Ele está consciente das muitas inconsistências em seus pensamentos, mas seu ponto de vista é que é mais importante pôr todos estes pensamentos para fora, dando às futuras gerações a oportunidade de corrigi-los, separá-los e classificá-los, do que impedir sua expressão por limitar a quantidade de idéias que o ocupam inteiramente. Contudo, com esta posição, ele na verdade não se sente completamente confortável ao se relacionar com os outros. Quando está na Fase I, ele tenta despejar esta infinidade de idéias para os outros, mas na Fase III, quer estar sozinho, vendo os outros como uma interferência às suas reflexões. Na Fase I ele pode facilmente exagerar a relevância de suas idéias quando as expressa exteriormente, enquanto na Fase III pode se tornar depressivo ao perceber interiormente quão pouco importantes elas eram na realidade. A experiência da Fase II é, na verdade, muito centrada, para que Mercúrio Retrógrado na Nona Casa sinta-se confortável, por qualquer período de tempo.

No meio do que parece ser uma expressão verdadeiramente caótica, deve ser notado que tudo o que este indivíduo diz é importante, mas cabe ao ouvinte distinguir o que é mais relevante do que o volume de informação, para seu próprio proveito pessoal.

MERCÚRIO RETRÓGRADO NA DÉCIMA CASA

Aqui o indivíduo está mais confortável na Fase III, onde é capaz de refletir sobre realizações passadas, vendo se elas estão à altura de suas expectativas. Nesta Casa, todos os níveis de pensamento consciente são pai-orientados. O indivíduo cresce com uma grande necessidade de impressionar os outros enquanto, ao mesmo tempo, inibe sua auto-expressão devido ao seu aprendizado passado de adequação, prudência e cautela. Ele gosta de ver o resultado prático de suas idéias e tende fortemente a construir seu futuro da mesma maneira que construiu seu passado. Está sempre preocupado em encontrar um sentido na vida. Em muitas ocasiões, durante a primeira parte de sua vida, ele pode ser velho para sua idade. Mais tarde, ele volta a estes primeiros anos a fim de criar seu futuro. Há aqui uma forte necessidade de reabsorver conceitos passados que vêm do pai.

Finalmente, ele chega a colocar a maior parte de sua auto-identidade em quão bem-sucedido ele foi em sua habilidade para exibir sabedoria aos outros. Assim, ele procura constantemente classificar seu conhecimento para ter certeza de que estará pronto para ser usado quando preciso. Ele pode ser muito infeliz em sua vida pessoal, uma vez que se sente obrigado a viver de acordo com o Carma passado de expectativas mentais. Quase tudo que faz na vida tem o propósito de estabelecer em si mesmo sentimentos de competência mental, que, finalmente, se tornam seu principal instrumento de autoconfiança.

Ele tende a se subestimar silenciosamente e, como resultado, continua tentando supercompensar. Ele quer impressionar suas partes interiores, que são excessivamente difíceis de convencer. Como tal, ele está trabalhando num Carma em que tenta convencer-se internamente de que seus pensamentos estão constantemente criando uma direção que o levará a sentimentos definitivos de valor.

MERCÚRIO RETRÓGRADO
NA DÉCIMA-PRIMEIRA CASA

Aqui o indivíduo tem mais liberdade mental do que a aplicação prática de seus pensamentos. Enquanto se move através das Fases Retrógradas, ele pode, durante a Fase I, ser uma inspiração de idéias aos outros, ou, no outro extremo, um completo sonhador durante a Fase III, pensando sobre tudo o que poderia ter feito e não fez. A necessidade Uraniana por emoção e a necessidade mental por estimulação tornam a Fase II a mais desconfortável para o indivíduo, pois é durante este período que ele está mais deprimido. Como resultado, a combinação das Fases I e III faz com que experimente muita impraticabilidade em seus pensamentos. Ele acha difícil estabelecer um senso de significado e, contudo, acha necessário continuar se movendo. Ele está à procura do arco-íris impalpável, inatingível, que ele acredita existir realmente. Como resultado, ele bem pode ser a pessoa que larga um pássaro na mão para perseguir dois voando.

Ele é um solitário, e, entretanto, precisa das pessoas, ainda que somente para dar um colorido às suas idéias. Ao mesmo tempo, tem um modo de permanecer mentalmente isolado. Ele pode ser frio e impessoal, evitando a comunicação muito estreita nas relações íntimas. Ele não gosta de opiniões rígidas vindas de outras pessoas. Para ele, é mais importante ter liberdade mental do que o resultado final de como a utiliza. Ele precisa de espaço para pensar e sente-se desconfortável em meio a multidões.

Em alguns casos, pode ser sexualmente indiferente, pois não se sente totalmente confortável em situações íntimas. Ele pode aparentemente aprovar o casamento, crianças e tradição, mas sua força principal é ser um propagador de idéias aos outros. Ele acha mais fácil personalizar problemas na sociedade do que lidar com as coisas que estão mais ao alcance em sua própria vida. Tornando-se indignado com reformas sociais não consumadas, pode ignorar modificações pessoais dentro de si mesmo. Deste modo, experimenta distorções nas prioridades de seu relacionamento com sua sociedade, sua família e consigo mesmo.

Ele é uma pessoa difícil de se alcançar, pois pode rebelar-se contra qualquer coisa que queira prendê-lo. Contudo, ele é aquele que busca, concentrando muito de suas energias mentais para compreender o progresso da raça humana. Sente-se fascinado pelo processo da evolução e da humanidade, mais como uma teoria do que como um fato. Ele não gosta de enfrentar a essência fundamental da vida; pelo contrário, sente-se quase feliz em contemplá-la como um observador de fora. Isto tende a dar a todo o horóscopo um estilo de vida de um indivíduo que tem muita dificuldade de orientar sua vida em direções sensíveis, através de meios equilibrados.

Carmicamente, está empenhado em estudar níveis de consciência, sem necessariamente envolver-se em nenhum em particular.

Ele compara idéias passadas com realidades presentes e sonhos futuros, a fim de poder um dia compreender o que é aquilo que ele pensa estar procurando. Sem saber as perguntas, ele mal pode compreender as respostas, mas ele é ainda um dos que mais procura, e o estudo dos caminhos do Taoísmo ou Zen lhe acrescentaria muito, pois algumas de suas idéias não convencionais poderiam encontrar um refúgio da verdade num nível universal.

MERCÚRIO RETRÓGRADO NA DÉCIMA-SEGUNDA CASA

Aqui o indivíduo passa a maior parte do tempo na Fase III do Processo Retrógrado, onde, na vibração introspectiva receptora, ele volta a maioria de seus pensamentos para o interior, a fim de compreender a natureza íntima de seu próprio ser. Nesta posição muito especial, todo pensamento consciente é Cármico. Tudo que o indivíduo capta é um prolongamento das idéias passadas em sua mente, com respeito às relações das coisas, pessoas e circunstâncias no universo. Ele tende a se recolher em si mesmo e, a nível de personalidade, torna-se introvertido. Contudo, ele está pensando o tempo todo; ele tende a repetir conversas passadas, durante dias e semanas depois que elas de fato ocorreram. De certo modo, ele está experimentando a essência pura de percepção em suas formas mais básicas, e para a maioria dos indivíduos isto é algo muito difícil para se lidar.

Sua freqüente desorientação com tempo e espaço não conhece limites e muitas vezes vai além das fronteiras da vida atual, bem como do planeta no qual está vivendo atualmente. Ele pode ser misticamente orientado enquanto tenta perceber o universo através de si mesmo. Assim, tende a experimentar em sua própria vida qualquer coisa que se permita pensar a respeito. Verdadeiramente, este é o indivíduo que se tornou exatamente "o que ele pensava".

Ele quase sempre é mal compreendido pelos outros, pois a essência Netuniana de suas idéias torna-se constrangedora, quando tenta expressá-las aos outros através da Fase III do Processo Retrógrado, introvertida e receptora. Ele se subestima, tendendo a se afastar da vida ao invés de se expressar exteriormente. Algumas pessoas com esta posição possuem grande habilidade musical, uma vez que as palavras freqüentemente parecem meios inadequados de expressão, levando desse modo a pessoa a outras áreas criativas para se expressar.

No lado negativo, algumas pessoas com esta posição podem passar por longos períodos de depressão mental, durante os quais estão tentando separar a profusão de pensamentos que estão absorvendo do universo sem forma. Este indivíduo está aqui para carmicamente compreender a si mesmo no mais profundo dos níveis.

A fim de consegui-lo, ele passa muito tempo afastado das muitas atividades do mundo externo que, de outra maneira, iriam impedi-lo de ver a semente de seu ser interior. Assim, ele evita o lado mais brilhante da vida e concentra a maior parte de sua atenção nos profundos mistérios com que sua mente interior se defronta.

Ele é realmente um estudioso do passado, e pode se tornar um excelente metafísico quando dirigir suas energias mentais para um conhecimento universal.

VÊNUS RETRÓGRADO

VÊNUS RETRÓGRADO
SÍMBOLO ESOTÉRICO

Vênus, o regente do amor, da beleza e da harmonia, é simbolizado (♀) pelo Círculo do Espírito sobre a Cruz da Matéria. Aqui, o espírito no homem verte em expressão na forma, criando, assim vida. Quando a forma é criada a partir do espírito, torna-se algo lindo, uma vez que tudo que o homem cria emana de sua natureza etérica. Através de Vênus, a beleza, a harmonia e o amor no espírito do homem podem encontrar seu caminho para dentro da matéria.

Quando Vênus é Retrógrado, esta progressão, como com Mercúrio, torna-se invertida, e o homem depende da forma para ativar seu espírito. Assim, se o lado material de sua vida é contraditório às suas experiências com a forma em encarnações passadas, ele tende a permitir que o espírito negue tudo que existe na realidade. Com todos os Retrógrados, a forma ou a parte material de sua vida é dominante, pois o indivíduo continua tentando entender tudo a respeito do Carma que, em encarnações passadas, cristalizou em matéria.

O indivíduo com Vênus Retrógrado ao invés de agir na vida, reage a ela. É importante entender que a meia-lua da Alma está ausente do símbolo de Vênus e por esta razão Vênus é atribuído à parte muito pessoal da natureza harmonizante do homem, enquanto Netuno, que tem a meia-lua da Alma, permite que o homem experimente toda beleza de sua origem cósmica. Onde quer que a Alma esteja presente como uma força consciente, a parte pessoal do homem sempre é subserviente. Assim, vemos tanta doação manifestar-se através de Netuno; mas, sempre que a Alma está ausente como força consciente, a parte pessoal da natureza do homem sempre tem precedência. É por isso que vemos tanta exigência por satisfação pessoal através de Vênus. A natureza Retrógrada intensifica isto, a ponto do indivíduo desenvolver padrões muito fortes de reações a tudo que lhe acontece na vida, julgando cada acontecimento, circunstância e relacionamento em função do quanto está sendo amado, ou do quanto as experiências amorosas lhe estão sendo negadas.

Assim, o efeito geral de Vênus Retrógrado é mais sentido naquele lado muito pessoal da vida que não é alimentado através da Alma, mas que é uma tentativa de fazer a forma, mãe do espírito. Como resultado, o lado material ou físico da vida assume o controle.

VÊNUS RETRÓGRADO
PERSONALIDADE

A personalidade do indivíduo com Vênus Retrógrado é notadamente diferente da de uma pessoa com Vênus em movimento direto. Há uma tendência a internalizar mágoas, solucionando dentro de si mesmo o que o indivíduo com Vênus em movimento direto tentaria solucionar externamente. Com freqüência, Vênus Retrógrado não somente cria estas mágoas, como também tende a exagerar seus efeitos. Ele dá demasiada ênfase às imperfeições do amor (ou amores) em sua vida. Para esta pessoa, o caminho do amor não flui suavemente.

Excessivamente autoconsciente, ele geralmente imagina se os outros estão prestando tanta atenção em si mesmo quanto ele próprio. Não sendo sempre positivo a respeito do que gosta ou não gosta, tende a sentir uma lacuna entre viver sua vida e experimentar a consciência dela. Ele pode estar profundamente apaixonado e não saber disso senão anos depois do relacionamento ter terminado. Ele passa por muitos padrões de comportamentos semelhantes, todos destinados a negar-lhe na realidade o que ele pensa que verdadeiramente precisa.

Sempre há dificuldades com o sexo oposto, pois ele tende a pré-programar inconscientemente seus futuros relacionamentos a fim de que eles se encaixem nos padrões de seu passado.

Uma grande insegurança acompanha esta posição, uma vez que o indivíduo está constantemente tentando alinhar-se em caminhos que, ele sente, irão emaranhar-se com outros; mas, quando o faz, ele continua semiconscientemente a empurrar os outros para longe de si a fim de que, na verdade, ninguém o conheça com profundidade suficiente para ameaçar qualquer pequena quantidade de segurança na qual baseou sua identidade. Esta posição tende a fazer a vida mais solitária interiormente, pois o indivíduo não se permite a felicidade, por tanto tentar alcançá-la.

VÊNUS RETRÓGRADO
CARMA

Quando Vênus é Retrógrado, o indivíduo traz consigo uma grande incompreensão a respeito do amor, numa vida passada. Geralmente existe uma mágoa tão intensa que ele agora não se permite experimentar totalmente a riqueza do amor por sentir medo de ser novamente tão magoado. Seja homem ou mulher, há muita dificuldade na vida presente nos relacionamentos com o sexo oposto.

Enquanto tenta viver no presente, ele recria incessantemente uma memória passada de amor de uma encarnação anterior, que ainda continua a frustrá-lo. Ele reage ao presente como se, na realidade, estivesse vivendo em seu passado. Neste sentido, ele é fixado em um momento no tempo, e, não importa o que faça, dificilmente parece haver o progresso para adiante, que ele diz querer.

Nos mapas dos homens, isto algumas vezes indica um Carma relacionado à homossexualidade. Mas mesmo a homossexualidade tem suas etapas, variando do homem sincero que tenta diplomaticamente fazer com que a homossexualidade seja aceita pelo mundo, ao homem que nem mesmo quer ouvir a palavra em sua presença, que é casado, mas procura qualquer possível oportunidade para evitar as mulheres, enquanto demonstra sua masculinidade; este é o tipo de indivíduo cuja vida gira em torno de seus amigos do sexo masculino, usando o pretexto de associações, clubes, *hobbies* e assim por diante como uma desculpa para seu afastamento das mulheres. Ele pode atuar respeitavelmente na sociedade, mas ainda é um homossexual latente. Encontramos reações semelhantes, porém com menos freqüência, nas mulheres com Vênus Retrógrado.

O padrão Cármico que mais se observa é que o indivíduo, homem ou mulher, tem forte tendência a desconfiar da maioria das propostas de amor, sentindo que os indivíduos que as fazem geralmente têm motivos ocultos.

VÊNUS RETRÓGRADO
EM ÁRIES

Aqui o indivíduo está mais confortável na Fase I, onde vive na expectativa de criar todo sentimento que lhe trará auto-estima. Sendo bastante autoconsciente, constantemente se preocupa com o que os outros pensam ou sentem a seu respeito. Pode tornar-se defensivo se sentir que os outros o estão colocando em dificuldades e por esta razão tende a passar muito tempo sozinho.

Ele é muito sensível às concepções que os outros fazem de si mesmos, e quando sente que a auto-avaliação negativa de alguém pode passar para ele, afasta-se rapidamente.

Uma de suas dificuldades é a tendência a tirar conclusões precipitadas a respeito de seus sentimentos. Ele preconcebe suas percepções a tal ponto que, ao invés de fluir com o que a vida tem a oferecer, ele formula seus sentimentos a respeito de certas experiências antes mesmo de tê-las experimentado. Entretanto, ele procura por estas experiências para verificar se seus preceitos estavam corretos.

Para esta pessoa, o casamento não é uma tarefa fácil, pois a falta de confiança aliada a muito auto-envolvimento o impedem de experimentar de maneira íntima a riqueza completa de outro indivíduo. O tédio que geralmente sente não é com a vida ou com outras pessoas, mas, antes, é um intenso tédio consigo mesmo. Ao invés de enfrentar e compreender isto, ele muitas vezes se esforça para preencher sua vida com um divertimento após outro, até que esteja convencido de que não tem nada a ver com seu problema. No dia em que aprender a gostar de si mesmo, toda sua vida se transformará.

Ele está trabalhando no sentido de superar um Carma passado, no qual ele estabeleceu uma separação entre seus próprios sentimentos e os sentimentos coletivos dos outros; e é o resíduo desta sutil alienação das pessoas que o mantém fugindo de si mesmo até que perceba que toda elaboração de suas atitudes, com relação a si mesmo e aos outros, nada mais é do que aquilo que existe em sua própria mente. A Fase I faz com que permaneça no Carma, mas as Fases II e III lhe mostram o caminho para casa.

VÊNUS RETRÓGRADO EM TOURO

Aqui o indivíduo está mais confortável durante a Fase III do Processo Retrógrado, onde ele pode mergulhar em tudo que sente ter alcançado no passado. Ele está constantemente identificando seu senso de segurança e sentimentos de autovalor com o que inconscientemente realizou ou acumulou para si mesmo de encarnações anteriores, bem como de todo momento antes do presente.

Em alguns casos este indivíduo está carmicamente preso a um amor de uma vida passada, que nunca foi totalmente realizado. Como resultado, a quantidade ou a qualidade de amor nesta vida parece nunca realmente ser suficiente para preencher o espaço vazio deixado por este relacionamento passado. Ele está habituado a sentimentos de absoluta segurança e não se decidirá por um amor nesta vida que ofereça menos.

Em sua juventude, tende a ser tímido e durante toda a vida ele se retrai em si mesmo enquanto silenciosamente pede aos outros para que o tragam para fora. Ele deseja ser alcançado e tocado, mas não quer admiti-lo; ele tenta silenciosamente trazer os outros para si, e, ao mesmo tempo, tem medo deles. Seu maior problema está em sua tendência a cristalizar determinados sentimentos muito cedo na vida e, enquanto os anos e as circunstâncias de experiências passam, ele continua repleto de sentimentos passados, tentando desesperadamente reaplicá-los a cada nova situação. Quando isto não funciona, ele inconscientemente começa a acreditar que pelo menos uma parte do mundo o está ignorando.

Suas expectativas com o sexo oposto são geralmente irrealistas, devido às intensas ilusões que tem mantido por tantos anos.

Se existe um indivíduo capaz de acumular uma mágoa após outra, até que realmente esteja carregando uma árvore invisível de mágoas, este será a pessoa com Vênus Retrógrado em Touro.

VÊNUS RETRÓGRADO EM GÊMEOS

Aqui o indivíduo passa muito tempo tentando aprender o que os outros pensam a seu respeito. Freqüentemente ele muda de idéia sobre o que gosta ou não, para alinhar-se com quem quer que esteja consigo no momento; e isto porque precisa de *feedback* das pessoas a fim de compreender aquelas partes de si mesmo das quais pensa gostar. Como resultado, sua vida se torna mais voltada à aceitação do que a uma meta.

Devido às qualidades mutáveis de Gêmeos, este Retrógrado pode atuar nas três fases, mas, aqui, Vênus nunca alcança totalmente a riqueza pessoal que está tentando estabelecer. Pelo contrário, tudo acontece em níveis de pensamento onde a natureza do amor do indivíduo finalmente se baseia em idéias e conceitos ao invés de em sentimentos pessoais. É importante compreender que uma vez que a natureza do amor está constantemente se reidentificando devido aos pensamentos que recebeu dos outros, este indivíduo é menos pessoal consigo mesmo do que a maioria das pessoas. Ele tende a focar a maior parte de sua vida nas idéias dos outros, que ele compreende muito pouco. Como resultado, seus relacionamentos tendem a deixá-lo confuso.

Tendo dificuldades com o sexo oposto, ele procura razões dentro de si mesmo para explicar o desconforto que sente em sua presença. O problema é que a sua parte mental (Gêmeos) possui qualidades masculinas dualistas, enquanto a sua parte emocional (Vênus Retrógrado) tem qualidades femininas, obstinadas por natureza.

Esta mistura cria uma vibração cruzada que resulta em insegurança quando ele é confrontado com situações sexuais. Todo ser humano é parte masculino e parte feminino, mas durante os anos de formação da infância, as qualidades mutáveis de Gêmeos, influenciadas pelo efeito Retrógrado, tornam difícil para o indivíduo estabelecer uma identidade sexualmente forte na qual ele possa acreditar firmemente.

Quando cresce, entretanto, e revive alguns de seus conceitos da infância, ele começa a mudar a elaboração de seus pensamentos para uma nova compreensão de seu lugar na humanidade. Finalmente ele vê o amor não como sexual, mas sim como uma aceitação universal de sua semelhança com a humanidade. Para chegar a isto, ele precisa superar um Carma de vida passada na qual ele passou por dificuldades para identificar as partes masculina e feminina de si mesmo.

Na vida atual, ele tenta inconscientemente satisfazer a ambas até que percebe que sua identidade não está baseada em nenhuma delas, mas sim na interação das energias positivas e negativas que, quando combinadas, são a fonte de todo pensamento criativo.

VÊNUS RETRÓGRADO EM CÂNCER

Aqui o indivíduo está mais confortável na Fase III onde constantemente revive o papel inicial de sua infância, na relação com seus pais. No homem isto pode significar um forte "complexo de Édipo" no qual ele nunca realmente compreendeu seu amor por sua mãe. O equivalente na mulher surge como o "complexo de Eletra". Em ambos os casos, o indivíduo continua afirmando que ele não quer depender de ninguém, mas debaixo de tudo isto ele realmente não sabe como abandonar os sentimentos de proteção que precisava em sua infância.

Vivendo através de um Carma de dependência, cada passo em direção ao futuro o leva cada vez mais para perto do útero que ele nunca quis deixar. Ele reconstrói sua vida com pessoas que representam todos os principais conflitos da infância dos quais não sabe como se libertar. Um de seus maiores problemas é que ele tende a elaborar sentimentos e reações às pessoas, baseado em memórias passadas de quem elas o fazem recordar. Infelizmente, cada vez que age assim, ele se prende mais no Carma.

No casamento, ele projeta em sua esposa os sentimentos iniciais que eram dirigidos aos seus pais. Em alguns casos ele até se casará com uma pessoa que o faça se lembrar do pai ou da mãe. Baseando muitas das opiniões sobre si mesmo no que os mais velhos pensam dele, este indivíduo precisa aprender a trabalhar no desenvolvimento de sua própria avaliação a respeito de seu valor.

Todos os seus sentimentos são baseados na visão do mundo como uma estrutura familiar. Isto lhe dá uma concha de proteção da qual ele pode espiar tudo o que vê à sua volta.

Curiosamente ele também reclama que esta concha o impede de experimentar tudo o que gostaria. Contudo, sua maior força vem mais tarde na vida, quando se torna importante dar a seus próprios filhos e netos toda a segurança e conforto em torno dos quais seus valores foram construídos.

VÊNUS RETRÓGRADO EM LEÃO

Aqui o indivíduo está mais confortável durante a Fase I do Processo Retrógrado. Possuindo um complexo de poder extremamente forte, ele se projeta em tudo que faz. Quando influenciado, pode dar muita força para os outros, mas nem sempre tem certeza da sinceridade deles, tendendo a julgá-los silenciosamente.

Algumas vezes, ele testa as pessoas para verificar se elas merecem a sua companhia. Como resultado, tende a colocar mais fardos sobre si mesmo do que na realidade precisa. Mas, ao mesmo tempo, estes fardos aumentam seus sentimentos de auto-estima. Fazendo o papel de mártir, ele pode se convencer que tem uma cruz a carregar no sentido de dar um amor que não é valorizado.

Seu maior problema é querer ser dominador e expansivo, mas a vibração Retrógrada nem sempre provoca, nos outros, o efeito que ele está, com muito esforço, tentando alcançar. Durante a Fase I, ele pode realmente assustar os outros pelo poder de sua franqueza e, então, percebendo a reação negativa que provocou, ele se afasta daqueles mesmos indivíduos dos quais quer estar perto, ao invés de admitir que foi ele quem reagiu excessivamente.

Esta posição de Vênus é menos prejudicial ao indivíduo do que para aqueles que querem sinceramente relacionar-se estreitamente com ele e acham muito difícil.

Ele traz consigo a esta vida um Carma que o envolve em constante exibição. E, quanto mais ele se torna o objeto de exibição, menos será capaz de experimentar a riqueza da interação com os outros, numa base de igualdade.

VÊNUS RETRÓGRADO EM VIRGEM

Esta é uma das posições mais difíceis para Vênus Retrógrado, pois, aqui, o indivíduo traz consigo para esta vida um ideal muito elevado a respeito do que deve ser o amor. Como resultado, ele nunca sente isto nas pessoas com quem se relaciona, pois nenhuma corresponde às suas expectativas. Ele inconscientemente julga as imperfeições que sente e vê nos outros. Assim, ele não somente se torna relutante em amar, mas também quando é suficientemente afortunado para sentir amor, continua a selecionar este amor até que os sentimentos se tornam simplesmente uma coleção de teorias analíticas.

Ele permanece mais tempo na Fase III, onde se retrai, por medo de ser ferido pelas pessoas. Na realidade, este indivíduo está vivenciando o Carma de ser forçado a compreender as fraquezas humanas, pois a perfeição do amor, enquanto um ideal que todos almejamos, não deve ser encarada como uma realidade na condição humana. É durante esta terceira fase que o indivíduo se pergunta por que nenhum de seus relacionamentos passados preenchiam suas necessidades. E é exatamente esta estrutura de pensamento — "fazer o amor funcionar" — que impede o indivíduo de jamais descobrir o que é a experiência do amor, na realidade. A ação Retrógrada do planeta não apenas o faz julgar as imperfeições alheias, como também, ao dirigir sua energia para o interior, ele tende a transferir este Carma para si mesmo. Como resultado, ele se acha constantemente carente no que diz respeito ao que ele deveria ser aos olhos dos outros.

Ele precisa aprender a se ver claramente e a gostar de si mesmo, não em função de todos os ideais que cristalizou em sua mente, mas numa perspectiva correta da realidade do mundo em que vive.

VÊNUS RETRÓGRADO EM LIBRA

Aqui, Vênus regente se encontra mais à vontade do que em qualquer outra posição. Enquanto o indivíduo é desviado de uma Fase Retrógrada para outra, pelas diferentes pessoas em sua vida, ele chega a se sentir mais necessário. Seu conceito de amor é muito romântico e depende mais das idéias ou coisas que as pessoas representam do que da satisfação de suas próprias preferências e necessidades físicas. Algumas pessoas com esta posição experimentam a homossexualidade, pois a necessidade de amor tenta escapar do convencionalismo da tradição da sociedade. Geralmente existe um antagonismo inconsciente que se manifesta em quase tudo o que faz. Ele dará, desde que ninguém peça, servirá, se ninguém exigir e será o mais obediente, desde que ninguém ordene. Ele reage mal à força, à pressão ou às exigências dos outros.

Sua verdadeira identidade é silenciosamente procurar as necessidades dos outros, e, de algum modo, ser suficientemente útil para preenchê-las. Num nível muito profundo ele não está totalmente certo do que realmente quer para si mesmo. Ele está num constante estado de mudança, tentando se sintonizar com qualquer coisa que os outros achem satisfatória. Muito consciente dos jogos psicológicos da sociedade ele pode, de fato, ser um jogador dos mais habilidosos. Ele convencerá a si mesmo que certas pessoas não podem viver sem ele, quando isto na verdade é uma projeção de sua própria necessidade, ao inverso.

Ele pode ser feliz ao se satisfazer com qualquer pessoa que se adapte às suas preferências inconscientes, porque ele verdadeiramente não se relaciona com os outros, mas simplesmente se divide em dois — e então, usando o outro indivíduo como um espelho da parte de si mesmo com a qual quer se identificar no momento, acaba fazendo amigos, falando, e, sim, até mesmo fazendo amor consigo mesmo!

Seu Carma está enraizado no equilíbrio de seus sistemas de valores através dos relacionamentos e, somente quando tiver certeza disto, ele se dedicará e verdadeiramente defenderá a idéia que mais ama.

VÊNUS RETRÓGRADO
EM ESCORPIÃO

Esta é uma posição muito difícil para Vênus Retrógrado, pois o impulso de Escorpião continua impelindo o indivíduo para além de sua própria satisfação. Ele nunca se sente realizado, mas sem dúvida tudo que está procurando está bem ali, na próxima esquina ou escondida num compartimento em sua mente. Como permanece muito tempo na Fase I, ele busca uma satisfação futura, mas infelizmente continua pensando que encontrará seu ideal em outra pessoa, lugar, ou situação em vez de nos mais profundos recessos de seu próprio ser. Ele é profundo e reservado a respeito da natureza do seu amor e ao mesmo tempo muito curioso a respeito dos sentimentos íntimos dos outros. Como tal, por tudo que vê em outros, tem dificuldade para experimentar o que está procurando em si mesmo.

Ele passa por longos períodos nos quais tem certeza que sua insatisfação é sexual, mas é muito mais do que isto. A verdade é que, em encarnações passadas, ele teve experiências que fizeram com que não gostasse de si mesmo em níveis inconscientes. Ele se sente alienado dos ideais que percebe dentro de si. E, por mais que tente, parece incapaz de se convencer de seu próprio valor.

Enquanto estes padrões permanecem, ele tende a se comportar de uma maneira que somente reforça sentimentos interiores de fracasso e que o afastam mais de tudo que ele verdadeiramente quer. Em alguns casos, a raiz do problema pode bem ser o amor de uma vida passada do qual ele esperou muito e que no fim o decepcionou. No caso disso ter acontecido, geralmente há uma repetição desta mesma experiência muito cedo nesta vida.

Ele tem dificuldade para se sentir completamente à vontade com pessoas do sexo oposto e, até que se confronte consigo mesmo, pode inventar muitas razões para isto. Ainda assim, ele não permite se tornar vulnerável aos outros em seus níveis mais profundos, pois foi magoado no passado.

Aprender a perdoar é importante para aqueles com esta posição de Vênus, mas o indivíduo deve compreender que não é possível perdoar sem esquecer. Com esta posição, o indivíduo pode atuar durante as três Fases Retrógradas, mas sua maior evolução ocorre na Fase III, onde, através da reavaliação de tudo que viveu, ele pode transcender os sentimentos de níveis Cármicos inferiores em seu passado.

VÊNUS RETRÓGRADO EM SAGITÁRIO

Esta é uma posição muito solitária para Vênus Retrógrado. O indivíduo valoriza mais sua liberdade do que a intimidade pessoal que Vênus promete. A Fase I do Processo Retrógrado é enfatizada e por isso ele continua se projetando de um arco-íris para outro, nunca permanecendo num lugar o tempo suficiente para permitir que Vênus absorva a vibração total de seu meio ambiente. Ele não segue facilmente os conselhos dos outros. De todas as posições do Zodíaco, ele experimenta o máximo e ao mesmo tempo sente que ainda está perdendo alguma coisa.

Esta é também uma colocação difícil para o casamento e freqüentemente é motivo de divórcio, devido a uma natureza excessivamente inquieta. Há dificuldades em satisfazer tudo o que o indivíduo sente que precisa, e como resultado ele muitas vezes é desconcertante para os outros. Ele vê o mundo como um enorme *self-service* com uma incalculável quantidade de ofertas a serem saboreadas, e não gosta de se envolver profundamente em qualquer coisa. A quantidade de experiências de vida torna-se mais importante do que a qualidade. E enquanto sua mente superior vagueia pelas longínquas regiões do universo, procurando um lugar no qual se sinta à vontade, ele tende a ignorar cada pássaro na mão e procurar por dois voando.

Seus ideais, vindos de existências anteriores, são elevados e, embora nem sempre viva de acordo com eles, continua procurando pessoas, lugares e circunstâncias que o façam se sentir mais perto destas experiências passadas. Geralmente ele tem um bom senso de autovalor e um "ego" muito forte que o mantêm sadio, mergulhando em si mesmo em quase tudo que a vida tem a oferecer. Embora esta posição seja difícil para relacionamentos íntimos duradouros, ela dá ao indivíduo uma variedade muito colorida de experiências de vida. Em encarnações passadas ele aprendeu a desenvolver uma compaixão natural pelo mundo à sua volta, da qual ele agora depende muito mais, para o seu conhecimento, do que das palavras de livros ou professores.

VÊNUS RETRÓGRADO EM CAPRICÓRNIO

Nesta posição, Vênus geralmente significa um casamento com pessoa mais velha ou com um indivíduo que simbolize autoridade do passado. Algumas vezes a esposa lembra as restrições impostas durante a infância e, em outros casos, traz de volta as restrições impostas ao indivíduo numa vida anterior.

O período mais confortável é durante a Fase III, onde épocas passadas que representaram proteção e segurança são repetidas, enquanto o indivíduo continua procurando experimentar novamente relacionamentos protetores. De muitas maneiras, ele é um colecionador, seja de antigüidades ou de fatos memoráveis acontecidos num tempo anterior na História, ou mesmo de pessoas, que sempre simbolizam sua necessidade de levar as coisas a um término que ele sente ser necessário.

Sua vida é cheia de vultos, contornos e formas, pois tudo que sente ele deseja cristalizar dentro de si mesmo a fim de satisfazer o senso de segurança que está tentando estabelecer. Ele pode parecer maduro para sua idade durante a juventude, mas durante todo o tempo está interiormente revoltado com todas as restrições que sente à sua liberdade. Ele retém pensamentos, idéias e sentimentos (inclusive os negativos) por muitos anos, e tende a negar a si mesmo, durante a primeira metade da vida, prazer ou alegria na esperança de alguma promessa maior em outra época. Quando fica mais velho, entretanto, percebe o quanto tentou recriar seu passado e o quanto isto o limitou. Então, muda radicalmente e começa a ter um ponto de vista mais prático com respeito às suas próprias necessidades. Durante o tempo todo, ele se sente fora de sintonia com as pessoas de sua própria idade ou próximas a ela. Em essência, ele vive sua vida às avessas, experimentando as responsabilidades da velhice em sua juventude e a liberdade de sua adolescência durante a velhice.

Este é um dos horóscopos que indicam um Carma de família. Geralmente existe tal desequilíbrio vindo de uma encarnação passada, e, repetido durante os primeiros anos desta vida, o indivíduo passa a maior parte do seu tempo fugindo de si mesmo, e então, mais ou menos no meio da vida, ele o percebe e tenta recuperar tudo que sabe ter perdido.

VÊNUS RETRÓGRADO
EM AQUÁRIO

Aqui o indivíduo está mais confortável durante a Fase I do Processo Retrógrado, onde pode explorar as necessidades que ele vislumbra, antes de elas serem reais em sua vida. Às vezes ele pode ser autoritário em seu desejo de ajudar os outros, a ponto de poder, na verdade, atrapalhá-los sem querer. Ele é muito independente e não aceita facilmente restrições ou limitações em sua vida.

De vez em quando, ele distribuirá seus afetos entre tantas coisas, pessoas e experiências, que os indivíduos próximos a ele irão se sentir impedidos em suas próprias habilidades para focar suas energias. A maioria desta dispersão, entretanto, é simplesmente um reflexo de sua natureza altamente variável. Ele geralmente é sensível demais ao seu meio ambiente e precisa continuar mudando sua maneira de encarar a vida a fim de se sentir equilibrado.

Ele pode ser um rebelde, e gosta de sua liberdade. É muito sensível às imposições das vontades de outras pessoas, mas, ao mesmo tempo, sente que sabe o que é melhor para os outros. Assim, há uma tendência de existir uma falta de perspectiva em seus relacionamentos pessoais.

Ele tem um ávido interesse em quase tudo, e tende a se envolver com pessoas das mais estranhas. Tudo que for convencional é muito tedioso para concentrar sua atenção durante muito tempo, embora ele precise se sentir seguro. Ele, na verdade, é bem menos seguro de si mesmo do que gostaria que os outros soubessem.

Durante a Fase I ele explora ativamente o desconhecido, enquanto na Fase III ele reexplora o desconhecido ou alguns conhecimentos pouco usados do passado. É durante esta terceira fase que muitas pessoas com esta posição gostam de explorar civilizações antigas ou documentos pouco conhecidos, de outros períodos da História. Para muitos, isto traz um grande interesse em Astrologia e em assuntos esotéricos. Com todas as artificialidades da vida desnudadas, esta é uma pessoa muito solitária. Sua necessidade impessoal de ajudar os outros é realmente um disfarce de sua tentativa de voltar para uma humanidade que, em outra encarnação, de algum modo o rejeitou. Assim, ele não espera nunca uma intimidade completa por um grande período de tempo, mas se contenta em apenas saber que suas crenças e idéias agora estão sendo aceitas. E ele se desviará muito de seu caminho, apenas para ganhar esta aceitação.

VÊNUS RETRÓGRADO
EM PEIXES

Aqui o indivíduo passa a maior parte do tempo na Fase III do Processo Retrógrado, pois continua reabsorvendo o sonho de amor que passou. Ele experimenta muita solidão e silenciosamente sente que está afastado da realidade tangível, que ele pensa querer. Muito romântico em encarnações passadas, continua recuando para fantasias passadas. Ele é pouco convencional e gosta de pensar em si mesmo como sendo independente, desde que tenha alguém em quem se apoiar. Tendo sido muito impressionável quando jovem, muito do que vive é uma reencenação dos contos de fadas com os quais se identificou quando criança. Geralmente só quando atinge a meia-idade é que ele realmente começa a perceber isto.

Ele é uma pessoa muito difícil de se alcançar porque é realmente possessivo das ilusões que o impedem de ver a si mesmo, e toda vez que este espelho está para se despedaçar ele recria novos prolongamentos para estas fantasias, a fim de se libertar tanto quanto possível das restrições que sente em sua realidade presente. Ele não se sente verdadeiramente confortável nas circunstâncias que o cercam nesta encarnação. No entanto, não percebe que ele mesmo as escolheu; e nem quer percebê-lo. Ele acha fácil acreditar que a vida o tem arrastado para a frente, às vezes mesmo contra sua vontade. Ele tem muito medo de ser possuído tanto por pessoas como por circunstâncias que possam, em alguma época futura, lhe fazerem exigências. Em sua insegurança inconsciente ele sente que talvez não seja capaz de enfrentar estas exigências. Assim, ele dá a si mesmo mais motivos para fugir de seus verdadeiros sentimentos interiores.

Esta posição de Vênus tende ao masoquismo, provocando muitas situações que punem o Ser cósmico e ao mesmo tempo causam grande sofrimento ao Ser pessoal inferior. Quanto mais esta pessoa permite que ilusões passadas penetrem seus sentimentos presentes, mais ele se afasta de quaisquer sentimentos do presente que ele diz querer experimentar.

No relacionamento com os outros, ele tende a se refugiar na sombria névoa Pisciana que o envolve como uma proteção contra o presente.

Esta é uma das posições mais difíceis para a realização do amor pessoal, e, como tal, ele precisa trabalhar no Carma de retirar suas expectativas do plano pessoal de esperança para o Ser inferior, e em seu lugar começar a experimentar uma harmonização Divina sobre a qual possa basear sua realidade.

Muitos indivíduos com esta posição experimentaram a perda do amor pessoal numa encarnação passada. Agora, nesta vida, eles inconscientemente continuam procurando os aspectos deste amor em toda pessoa que encontram, até o dia em que percebem que suas Almas escolheram serem transformadas além das necessidades de uma gratificação egoísta. Como resultado, o sofrimento nesta posição é encontrado durante a Fase III do Processo Retrógrado, que se transforma numa doação ativa para a humanidade, quando o indivíduo impessoalmente vai para a Fase I.

VÊNUS RETRÓGRADO
NA PRIMEIRA CASA

Este indivíduo precisa de muita atenção e, contudo, nunca se sente completamente satisfeito. Ele está preocupado em saber como se mostra para os outros. Há muito egocentrismo, uma vez que sentimentos de auto-amor estão mais a nível consciente do que inconsciente. Debaixo de sua constante procura por mais atenção, ele é muito ambivalente a seu respeito. Embora pense sobre si mesmo como sendo uma criatura de amor, ele tende a não compreender qual a quantidade de amor a dar aos outros. Ele dá a mais ou a menos. Em geral, a quantidade de amor que experimenta, seja dando ou recebendo, é inadequada à situação.

Ele gosta que os outros o deixem viver sua própria vida, embora possa se tornar excessivamente possessivo com as pessoas, por medo de ser deixado sozinho. Este conflito pode causar muitos problemas nos relacionamentos, bem como no casamento.

Em suas experiências amorosas, ele passa pelo tríplice Processo Retrógrado, que continua enfatizando a natureza positiva ou negativa mais de acordo com a fase em que ele se encontra do que com as circunstâncias em seus relacionamentos com os outros que justifiquem suas reações. Ele não é, necessariamente, um grande doador de amor, mas pode absorver muito amor dos outros; ele precisa disto para sua autoconfiança.

Esta posição é mais difícil durante a Fase II do Processo Retrógrado, pois a necessidade de harmonia, combinada com a expressão de unidade da Primeira Casa dentro de si mesmo, não pode agüentar a vibração cruzada por um grande período de tempo. Ele está mais confortável na Fase I, onde a expectativa chega ao máximo. Mesmo nesta fase, enquanto ele tenta enfatizar seu Vênus positivamente para ir para o futuro, ele ainda experimenta a qualidade magnética naturalmente negativa de Vênus através da qual ele espera ser aquele que recebe o amor.

Nesta posição, a grande solução para chegar à felicidade é baseada numa auto-aceitação realista.

VÊNUS RETRÓGRADO
NA SEGUNDA CASA

Aqui o indivíduo está mais confortável durante a Fase III, onde os raios naturalmente receptores de Vênus tentam recriar experiências passadas que dão ao indivíduo sentimentos de segurança. Ele é bastante possessivo de todos os sistemas de valores passados que trabalham para ele. Gosta de absorver o universo à sua volta, uma vez que este novamente oferece a segurança que estava tão acostumado a sentir. Pode ser muito materialista, enquanto procura restabelecer e fortalecer todos os sentimentos passados de autovalor. Tendo uma forte tendência a repetir todas as coisas de que gosta, ele se torna uma pessoa de muitos hábitos. Sua necessidade por segurança no plano da substância física e material é tão grande que lhe é difícil ser excessivamente generoso sem sentir que está perdendo alguma coisa no processo.

Com esta posição, o indivíduo tenta internalizar tudo o que valoriza no universo. Em muitos casos isto aumenta a possessividade natural da Segunda Casa.

Com toda a sua necessidade de segurança, ele não é muito competitivo, pois aqui há uma certa preguiça inerente. O indivíduo experimentará dificuldades com o sexo oposto, como resultado de sua própria possessividade ou do medo de ser possuído. Ele é moderado com seus afetos, e ao mesmo tempo tende a interiormente exagerar seus sentimentos. Gosta de fazer as coisas à sua maneira e pode ficar zangado quando sente que os outros estão invadindo seus métodos de fazer as coisas.

Muitos com esta posição podem se tornar grandes artesãos, mas será sempre construindo algo do passado. Se existe alguém decidido a ganhar a vida construindo graciosas carruagens no século XXI, será a pessoa com Vênus Retrógrado na Segunda Casa.

Aqui o indivíduo está vivenciando um Carma de ligação ao amor de uma vida passada e de bem-estar com respeito a pessoas, objetos e circunstâncias. Ele baseia toda segurança na continuidade da forma e da substância na vida atual.

VÊNUS RETRÓGRADO NA TERCEIRA CASA

Esta é uma posição muito difícil para Vênus, pois a imprevisibilidade de Gêmeos está constantemente jogando o indivíduo de uma Fase Retrógrada para outra. Ele parece estar fora de sincronização na maioria de seus relacionamentos. Ele ama demais ou de menos, em relação ao amor recebido de outro indivíduo. Ou, então, seu amor se torna fora de sintonia na dimensão do tempo, de tal modo que ele pode sentir um grande amor por uma pessoa enquanto se prepara para estar com ela, ficar numa vibração muito depressiva durante o contato pessoal e, então, depois que não está mais com a pessoa, sente a maior parte do amor, olhando para trás e recriando-o em sua mente.

Assim, o indivíduo tem grandes problemas em sua vida amorosa e em seus relacionamentos ao tentar viver no aqui e no agora. Forças que estão fora de si mesmo agem constantemente neste Vênus Retrógrado, criando condições para que ele sinta que, ou ainda não está pronto para isto, ou já as ultrapassou. E, enquanto ele se move através destas condições em sua vida, continua tentando sintonizar seus sentimentos sob o domínio das atividades de seu plano mental. Como resultado, passa muito tempo analisando tudo que sente. Esta é uma posição insatisfatória para o casamento, pois as qualidades mutáveis da Terceira Casa continuam tirando o indivíduo da sintonia mental com seus próprios sentimentos. Ao se expressar, o indivíduo tende a nem sempre significar o que diz, mas a estar mais interessado no sentimento que cria no ouvinte. Ele é basicamente inseguro, especialmente com pessoas de sua própria idade. Muito freqüentemente, a fim de se sentir aceito, ele dirá ou fará coisas que sabe não serem suas, mas que ganharão a aceitação que está ansiando.

Seu Carma é com os sentimentos das pessoas, enquanto continua tentando encontrar os caminhos nos quais possa satisfazer os outros, bem como a si mesmo. Existe muita solidão cármica inerente a esta posição de Vênus, pois este é o indivíduo que pode se sentir sozinho em meio a uma multidão.

VÊNUS RETRÓGRADO NA QUARTA CASA

Vênus está bem colocado na Quarta Casa, desfrutando de um grau de conforto satisfatório durante todas as três Fases Retrógradas. Embora as duas últimas Fases possam fazer com que o indivíduo seja um tanto introvertido, isto não o deixa muito desconfortável. Ele gosta de ter alguém do sexo oposto em quem possa se apoiar, pois seu conceito de amor sempre envolve um grau de proteção dos pais, do qual, embora possa se ressentir exteriormente, interiormente precisa demais.

Ele é infantil, recriando continuamente o tipo de amor que experimentou em seus primeiros anos. O indivíduo nunca amadureceu completamente seu amor e a ligação com um dos pais. Assim, ele continua tentando voltar ao útero materno. Algumas vezes sente medo das pessoas e, como resultado, tem mais dificuldade para expressar seus gostos para o mundo exterior do que para os que lhe são próximos e que ele conhece há muito tempo. Ele tem dificuldade para entender os estranhos, pois em termos de amor ele vê seu mundo

73

como uma família gigantesca — a sua! Freqüentemente sente que é obrigado a se relacionar com os outros no mundo exterior, como se eles realmente fossem sua própria família. Isto é feito inconscientemente, mas coloca fardos sobre ele ao limitar o número de indivíduos e de situações exteriores nas quais possa se sentir confortável.

Ele está trabalhando através de um Carma que continua repetindo o começo das experiências de amor até que tenha confiança suficiente para acreditar realmente que, através delas, ele tem a segurança que precisa para ser capaz de expressá-las para o mundo exterior.

VÊNUS RETRÓGRADO
NA QUINTA CASA

Aqui o indivíduo está mais confortável durante a Fase I do Processo Retrógrado. Ele geralmente tem um "ego" muito forte que se manifesta através do processo criativo. Como resultado, ele pode algumas vezes dominar as pessoas pela quantidade de confiança interior que parece ter. Realmente, este não é o caso, uma vez que a combinação do Planeta e da Casa tendem a provocar muita representação na presença dos outros para que o indivíduo possa viver com sua própria autoconsciência. Ele tende a projetar seus sentimentos nos outros porque não pode tolerar rejeição. Contudo, ele pode rejeitar os outros logo antes de perceber que eles o rejeitarão, por racionalizar que eles não estão à altura de seus padrões.

Em alguns casos ele está trazendo consigo um auto-orgulho interior que os outros precisam reforçar antes que ele os admita em seu círculo social. Ele sairá do seu caminho para manter o que sente ser seu auto-respeito e pode freqüentemente negar a si mesmo o total prazer da vida, por tentar viver de acordo com uma imagem que criou para si mesmo.

Ele se sente melhor quando é capaz de ajudar os outros, a quem vê como sendo menos competentes do que ele. Assim, algumas pessoas com esta posição podem sentir muito prazer em ensinar crianças retardadas ou outros indivíduos menos favorecidos, para serem mais auto-expressivos.

Uma das grandes dificuldades nesta posição de Vênus é que o indivíduo constantemente se frustra, prendendo-se a expectativas que são altamente irrealistas. Ele é incapaz de achar a pessoa perfeita, que possa preencher tudo que ele acha que precisa. Assim, da maneira mais básica, ele está trabalhando na lição Cármica da satisfação. Ele pode conseguir mais crescimento interior ao perceber que sua vida depende menos de outras pessoas do que ele acredita.

A insatisfação que sente nos outros é sempre a insatisfação que ele criou em si mesmo. Quando aprender a esperar menos da vida, realizará a felicidade que está procurando.

VÊNUS RETRÓGRADO
NA SEXTA CASA

Esta é uma posição muito instável para o sensível Vênus, porque o indivíduo sempre pressiona a si mesmo através do senso de obrigação que sente. Há uma tendência a experimentar relacionamentos decepcionantes, particularmente nas áreas associadas ao trabalho. Embora todas as três Fases sejam difíceis, o indivíduo se sente mais seguro na Terceira Fase, onde se retrai em si mesmo, guarda seus sentimentos e tenta racionalizar tudo que ele é com tudo o que pensa que precisa ser para os outros. Isto provoca um sentimento interior que o impede de atuar com sua melhor forma. Ele tem que se prevenir para não permitir que seus sentimentos cheguem a extremos, porque inconscientemente acredita que o mundo é um lugar desordenadamente contaminado.

Ele se afasta dos outros porque não entende como lidar com as imperfeições que vê neles. Um de seus maiores problemas é que ele pode permitir que seus sentimentos se tornem computadorizados pré-programando seus relacionamentos a fim de que possa calcular antecipadamente como eles funcionarão. Assim, sua aproximação das pessoas é muito mecânica e todo pensamento e ação que recebe de outra pessoa são vistos como parte de muitos movimentos em seu planejado jogo de xadrez da vida.

Ele pode fazer muitos favores para os outros, mas se satisfaz apenas quando sabe que estes podem ser devolvidos. Infelizmente, tende a julgar os outros pelo que eles fazem, medindo suas realizações e atos em comparação com seus próprios ideais. Assim, ele tem dois padrões, não percebendo inteiramente que os ideais de todas as pessoas que conhece podem muito bem ser tão elevados quanto os seus e que a falta de habilidade que possuem para viver de acordo com estes ideais, em sua presença, é um reflexo de suas próprias fraquezas humanas.

Ele usa a maior parte de sua energia sublimando e reprimindo muitas de suas necessidades. Desta limitada posição de vantagem, ele lida com seu Carma de tentar criar a perfeição em seu meio ambiente. Ele precisa aprender que o mundo já é perfeito e que ele não pode aperfeiçoá-lo. Em algum lugar, entre seu idealismo perfeito e a necessidade que tem dos outros, e não admite, está o equilíbrio que lhe trará felicidade.

VÊNUS RETRÓGRADO
NA SÉTIMA CASA

Esta é uma das posições mais singulares para Vênus Retrógrado. Como regente da Sétima Casa, ela pode ser muito benéfica se o indivíduo usá-la para ver seu verdadeiro reflexo através dos olhos daqueles a quem ama. Entretanto, se ele lutar contra o fato de que muitas de suas idéias, pensamentos e sentimentos parecem ser rejeitados e não compreender o porquê disto, então ele realmente provoca um desequilíbrio em todo o horóscopo.

Seu humor e seus sentimentos são desviados pelo mundo ao seu redor; não há limites entre os sentimentos que vêm de dentro de si mesmo e os que internaliza e que vêm dos outros.

Enquanto passa de uma Fase Retrógrada para outra, ele assume diferentes identidades, todas dirigidas para o ser, mas nenhuma das quais é verdadeiramente seu centro. Ele é extraordinariamente consciente de como pode realmente ser virado do avesso, perdendo sua espontaneidade no desejo de fazer os outros mudarem de opinião a seu respeito. Assim, ele é um extremista. No decorrer de apenas um dia ele pode mudar totalmente, num desejo intencional de aborrecer os outros. Seus sentimentos são como um pêndulo, balançando de um lado para outro conforme os ventos dos sentimentos de outras pessoas, sempre passando pelo centro mas raramente ficando lá. Ele nunca tem certeza se é visto ou não como sendo adequado aos olhos dos outros.

Muito sensível ao seu meio ambiente externo, ele inicialmente se submete e se perde nele e então foge para recobrar seu equilíbrio. Contudo, ele não gosta de fazer as coisas sozinho e isto faz com que sinta a frustração de querer se conhecer e, ainda assim, não querer se separar totalmente dos outros. Ele está vivendo um Carma de experimentar as partes desequilibradas de si mesmo através dos caminhos nos quais os outros o vêem.

VÊNUS RETRÓGRADO
NA OITAVA CASA

Aqui o indivíduo passa muito tempo na Fase I do Processo Retrógrado, onde a natureza do desejo energiza a necessidade de criar, agora, uma satisfação futura. Ele sente uma intensidade interior muito grande, que ele não larga facilmente. A emoção do amor é freqüentemente ligada a uma raiva e a um ressentimento passados dirigidos a algum indivíduo ou experiência que trazem lembranças dolorosas.

Ele é altamente perceptivo mas não gosta que os outros o conheçam. Seus ideais também são muito elevados, mas se o indivíduo for incapaz de perceber seu sonho na vida real, suas ações podem ir na direção oposta.

Sexualmente ele oscila de períodos de intensa necessidade a períodos de completa falta de interesse. Seu impulso sexual está relacionado a um forte desejo de possuir. Às vezes, ele pode secretamente ter ciúmes dos outros, que parecem ter mais do que ele.

Ele tem uma tendência a se esconder de seus próprios sentimentos, não querendo encarar a parede que levanta entre sua vida exterior e interior. Há muita impaciência com esta posição, uma vez que o indivíduo está não apenas experimentando a profundidade de suas próprias necessidades, como também sentindo a influência das necessidades de outras pessoas. Isto freqüentemente provoca um conflito entre a maneira como ele se relaciona com a sociedade e o modo como verdadeiramente se sente. Muitas vezes existe grande ressentimento, nesta posição de Vênus, porque o indivíduo se sente enganado ou privado de muitas coisas que ele acredita serem legitimamente suas.

Ele tende a passar a vida fazendo as coisas da maneira mais difícil, invejando o modo com os outros podem atingir as mesmas metas com menos esforço.

Esta posição experimenta um sentimento de isolamento do mundo. Há um resíduo de vida passada, de amor perdido. Como resultado, o indivíduo acha difícil confiar inteiramente nas pessoas que encontra na vida atual porque ele, inconscientemente, vê em cada uma delas uma das partes simbólicas do amor do qual foi privado no passado.

VÊNUS RETRÓGRADO
NA NONA CASA

Aqui o indivíduo tem uma grande necessidade por liberdade pessoal. Ele não permite que os outros dificultem ou obstruam o seu espaço. Em algumas pessoas esta posição se manifesta num grande amor pela vida espiritual.

Isolado das intensas qualidades subjetivas dos relacionamentos sociais, ele procura a paz dentro de si mesmo através de sua habilidade de permanecer fora da materialidade das coisas. Isto pode se manifestar no desejo pelo isolamento de um mosteiro, ou andar descalço pelos bosques ou numa montanha.

Aqui há uma grande necessidade por um sentido de amplidão da vida e o indivíduo, freqüentemente, sacrifica a intimidade com outras pessoas a fim de preencher esta necessidade. Ele é muito independente e não gosta de ser colocado no molde dos desejos dos outros.

Ao mesmo tempo, esta é uma posição muito difícil para o casamento ou qualquer outro relacionamento de natureza duradoura, pois aqui na Nona Casa as qualidades pessoais de Vênus são transferidas para uma realidade mais cósmica. Assim, o senso de auto-identidade do indivíduo possui uma qualidade diferente daquela da maioria das pessoas que encontra. Devido à maneira como vê o fluxo e refluxo da maré universal da vida, ele não gosta de ter compromissos permanentes.

Muitas das coisas que faz, ele as fará sozinho e passará por muitas experiências com muitas pessoas diferentes, a maioria das quais parece representar filosofias que são estranhas às idéias com as quais cresceu.

Ele tende a ser uma pessoa difícil de se compreender, uma vez que geralmente não é motivado pelas idéias que estimulam seus contemporâneos.

Esta é a pessoa que pode realmente alcançar um raro nível de paz em meio a um mundo caótico. Ao mesmo tempo, ele não consegue transmitir isto com facilidade para os outros. Em alguns casos, ele pode ser artisticamente talentoso como resultado de uma encarnação passada.

Qualquer que seja o estilo de vida, ele experimentará um certo grau de conflito entre o sentimento de que deveria estar envolvido nas necessidades da sociedade e sabendo que existe uma razão maior para que ele não o faça.

Carmicamente ele marcha sob o compasso de um tambor diferente, e traz consigo para esta vida um resíduo muito forte de fazer o que gosta, quando gosta de fazê-lo. Ele é uma pessoa com quem é fácil de se dar bem, mas impossível de se possuir, pois seu instinto inato é ser basicamente um espírito livre.

VÊNUS RETRÓGRADO
NA DÉCIMA CASA

Aqui o indivíduo passa muito do seu tempo na Fase III do Processo Retrógrado. Ele gosta de olhar para trás, para as realizações dos desejos e necessidades de sua vida, para saber que é aceito por aqueles que anteriormente admirou como sendo superiores a si mesmo. Ele deseja a aceitação social mas não gosta de procurar por ela. Assim, sua expressão exterior de criatividade é dificultada por sua expectativa de ser, ou não, rejeitado pelos outros.

Ele pode se tornar excessivamente consciente de como está se integrando com os outros e como resultado torna-se muito sensível em situações sociais.

Capaz de internalizar os sentimentos dos outros, ele freqüentemente se sente responsável em satisfazer as necessidades dos que estão à sua volta e isto tende a fazê-lo se sentir menos confortável em público. Ele tende a ser autoconsciente e algumas vezes se afasta das direções para onde gostaria de se dirigir.

Ele sente muito fortemente a responsabilidade do passado e não tem certeza se é capaz de viver de acordo com ela. No horóscopo de um homem isto pode trazer dificuldades com as mulheres, como resultado de ter estado sob o domínio de uma mulher mais velha no começo da vida.

Geralmente existe muita habilidade criativa já desenvolvida em encarnações passadas, mas o indivíduo precisa desenvolver a confiança em si mesmo, agora, se quiser expressá-la.

Carmicamente ele passa pela vida tentando reunir os sentimentos que lhe darão o sentido de propósito de que necessita. Tão logo ele possa fazê-lo, começará a expressar o sentido que esteve procurando em sua vida.

VÊNUS RETRÓGRADO
NA DÉCIMA-PRIMEIRA CASA

Esta é uma das posições mais difíceis para Vênus Retrógrado, pois se distancia do processo criativo. O indivíduo raramente tem um sentimento de estar acomodado. As qualidades pacientes de Vênus são perturbadas, durante a Primeira Fase do Processo Retrógrado, por uma curiosidade sem direção, que está sempre presente. Ele está procurando por satisfação em muitas direções diferentes ao mesmo tempo. Algumas vezes, o senso de realidade é tão singular que o indivíduo está quase que totalmente separado de seu plano terreno de identidade. Ele quer experimentar tudo, mas não sabe por quê. Às vezes torna-se muito possessivo do próprio pensamento, a ponto da ganância que vê nos outros no plano material ser um reflexo do que ele próprio está mentalmente fazendo. Ele precisa aprender a discriminar para que a cada nova extravagância e ilusão que atrai sejam bonitas em si mesmas; a mistura de todas elas é freqüentemente mais desarmoniosa para que o façam se sentir confortável com elas.

Ele expressa muita rejeição pessoal que finalmente o torna mais afastado. Explorando os variados domínios e possibilidades do pensamento que existem no universo, nem sempre sabe como combiná-los em sua vida pessoal. Contudo ele pode ser de mais ajuda para os outros do que para si mesmo.

Uma de suas maiores dificuldades é que seu secreto desejo de viver suas experiências por si mesmo o mantém ligeiramente afastado do resto da humanidade, que ele ama tão ternamente. Alguns, com esta posição, passam por experiências sexuais bizarras, uma vez que a necessidade por exploração está sempre tentando transcender as normas da sociedade.

Em encarnações passadas ele experimentou tantas coisas diferentes que o agradaram, que ele se tornou uma pessoa constantemente à procura do que ainda não experimentou. Seus sonhos podem ser irrealistas, mas a natureza de sua realidade pessoal é tal que ele é totalmente desinibido com as restrições da sociedade convencional. Seu futuro é inteiramente baseado no quanto ele se apega às suas fantasias passadas.

VÊNUS RETRÓGRADO NA DÉCIMA-SEGUNDA CASA

Aqui o indivíduo fica na Fase III do Processo Retrógrado, onde ele não expressa abertamente os sentimentos que pensa que possam ser rejeitados. Em muitos casos existe uma ligação a um amor de uma vida passada, que ainda não foi destruído e, enquanto o indivíduo vive cada dia de seu futuro, ele continua tentando recriar seu passado. Ele pode ser feliz quando está sozinho, mas não gosta de se sentir abandonado pelos outros. Ao menor sinal de rejeição ele pode passar por longos períodos sentindo pena de si mesmo, pois sabe, quase que instintivamente, que veio para esta encarnação deixando para trás seu verdadeiro amor. Como tal, ele tenta se contentar encontrando aspectos simbólicos daquele amor em todas as pessoas que encontra, mas debaixo de toda sua energia emocional ele ainda está se agarrando a conceitos românticos de um tempo que já passou. Assim, ele acha difícil se sentir totalmente satisfeito com as experiências de sua vida atual, pois tudo o que percebe é visto através das lentes coloridas de seus conceitos preconcebidos.

Ele caminha pela vida com um silenciosa mágoa e não gosta que os outros lhe façam exigências. Geralmente, nesta posição, existe muita emoção contida e, embora os outros raramente vejam isto, o indivíduo está quase que constantemente consciente desta sua parte, que continua se recusando a vir para a vida atual.

Ele pode ser muito criativo se não for forçado, pois tende a gastar muito tempo dentro de si mesmo, quando poderia, na realidade, obter sua força, mas, inconscientemente, está absorvendo lembranças passadas de momentos nos quais ele estava verdadeiramente em paz consigo mesmo.

Ele não procura a popularidade exterior tanto quanto uma satisfação interior. Algumas vezes, nesta posição, podem surgir casos de amor clandestinos, através dos quais o indivíduo tenta manter no presente a ilusão do que uma vez foi realidade, no passado. Emocionalmente controlado, ele tende a permitir que muitas das oportunidades da vida o passem para trás. Ele alcançará a felicidade quando perceber que, por viver no presente, não está realmente perdendo seu passado.

MARTE RETRÓGRADO

MARTE RETRÓGRADO
SÍMBOLO ESOTÉRICO

Marte, o planeta da vitalidade, da energia, da sexualidade e do desejo por expressão é simbolizado pela (♂ ou ♂) Cruz da Matéria angularmente colocada sobre o Círculo do Espírito. Na moderna simbologia, a Cruz aparece como uma flecha, indicando assim a natureza marciana de impulso para a frente. Mas é interessante observar que a cruz ou a flecha são sempre inclinadas, mostrando um desequilíbrio, bem como uma forma inacabada neste símbolo. Assim, ele investe para o exterior, para longe de si mesmo, enquanto a cruz ou a flecha movem-se com rapidez para longe do Círculo do Espírito, a fim de encontrar a perfeição em coisas eternas ou em outras pessoas.

Este é o único planeta pessoal no qual a Cruz da Matéria está situada acima do Círculo do Espírito. Assim, a necessidade por satisfação carnal, material e física, tem precedência aqui sobre o Espírito e pode de fato satisfazê-lo.

Quando Marte é Retrógrado, o significado do símbolo torna-se invertido e o indivíduo recusa-se a aceitar a satisfação do seu Espírito, por suas realizações e conquistas na parte material ou física de sua vida.

De encarnações passadas ele aprendeu a sublimar, deturpar, negar, desvirtuar ou anular a satisfação de suas necessidades físicas, a menos que sejam encontradas primeiro as satisfações de seu Espírito.

É interessante notar que devido à Cruz da Matéria ser angular, mesmo quando este símbolo é invertido, ele ainda apresenta um desequilíbrio. Na realidade, provavelmente mais como a flecha-cruz do desejo por satisfação na matéria está não apenas apontando para trás, para o passado, como também agora proporciona menos estabilidade para o Círculo do Espírito se apoiar. É quase como se o Círculo do Espírito estivesse tentando encontrar o presente enquanto arrasta os desejos físicos do passado como um peso abaixo e atrás dele.

MARTE RETRÓGRADO
PERSONALIDADE

Este indivíduo experimenta uma falta de contato com a realidade pura de seu sistema de necessidades. Assim, ele tem dificuldades para coordenar pensamentos e ações. O passado de sua vida, que ele realmente vive, é no mínimo ligeiramente retirado de sua consciência. Ele também experimenta dificuldades sexuais devido ao magnetismo invertido do Planeta Retrógrado e isto acontece principalmente por causa da sua falta de habilidade em ajustar o fluxo de energia que esta colocação o faz sentir.

Muito do que ele experimentará depende menos do pensamento ou de emoções do que de sua habilidade para lidar com seus próprios níveis de energia em coordenação com as energias que recebe dos outros. Ele pode reagir violentamente a uma pessoa e desenvolver um sentimento muito poderoso, num sentido positivo ou negativo, baseado unicamente no nível de energia que está recebendo, ao invés de pelas razões humanas que ele associa às suas reações.

Por causa disto, os relacionamentos do indivíduo estão quase sempre desvirtuados e, a nível sexual, parecem simbolizar mais um esforço para sobreviver do que uma união verdadeira com outra pessoa.

Ele pode tirar conclusões precipitadas enquanto, ao mesmo tempo, retarda as ações necessárias que corrigiriam tudo que o aborrece. Se Marte Retrógrado estiver num signo de ar, ele é extraordinariamente ativo mentalmente e, para ele, é difícil aprender a relaxar.

Esta posição de Marte é mais difícil para a mulher do que para o homem, porque o sistema de impulso pode ser desproporcional ao resto do horóscopo e tende a diminuir sua feminilidade. Existem muito poucas mulheres com esta posição que, a nível inconsciente, sintam algum amor pelos homens. Entretanto, a nível consciente, o contrário às vezes se manifesta, numa atitude de colocar os homens em pedestais, criando uma espécie de adoração a um ídolo, que leva o indivíduo para mais perto de sua realidade inconsciente, criando internamente a necessidade de afastar o pedestal.

Na maioria das posições, Marte Retrógrado provoca sentimentos de culpa e vergonha que isolam o indivíduo, excluindo-o da troca livre e harmoniosa dos relacionamentos pessoais que as pessoas com Marte em movimento direto experimentam.

MARTE RETRÓGRADO
CARMA

Quando Marte é Retrógrado no horóscopo, todas as ações do indivíduo na vida atual são recriações do passado.

O indivíduo tenta encontrar em sua vida pessoas que simbolizem todos aqueles que o satisfizeram em encarnações passadas. Em sua mente, ele os coloca nos papéis daqueles que não existem mais e tenta, com eles, representar tudo o que não pôde expressar anteriormente. Ele tende a reagir violentamente, numa tentativa de colocá-los convincentemente nos papéis imaginários que lhes concebeu. Assim, ele se projeta de maneira exagerada e, sentindo rejeição mas não entendendo por que, recua para dentro de si mesmo, nunca experimentando completamente seus relacionamentos de vida atual no momento presente.

Ele tende a se concentrar num tempo de seu passado que representou uma força com a qual teve que lidar. Agora, ele inconscientemente vibra exatamente com a mesma força, seja de raiva, de vingança, de hostilidade ou de ação dirigida para todas as pessoas no presente.

Em alguns casos, ele pode estar trazendo um ressentimento de uma vida anterior que o faz desconfiar das ações das outras pessoas. Em pelo menos uma vida passada, ele sofreu por atos suspeitos ou enganosos de outras pessoas, e o resíduo disto na vida atual pesa muito no seu comportamento presente.

MARTE RETRÓGRADO EM ÁRIES

Aqui Marte Retrógrado está mais confortável na Fase I, onde as qualidades impulsivas de Áries se combinam com o impulso Marciano para tentar forçosamente criar o futuro, antes que qualquer força externa o faça. Existe tanto resíduo de insegurança de uma vida passada que o indivíduo acha muito difícil atravessar a Fase III, onde ele teria de avaliar suas ações passadas e a si mesmo. Ele ainda está tentando começar o que já havia iniciado antes desta vida.

Ele é primitivo, muito subjetivo e pode realmente viver por muitos anos esquecido do mundo à sua volta. Ele vê apenas as visões que cria e é quase sempre sexualmente insatisfeito. Na maioria dos casos, ele tende a cair na armadilha mental da superexpectativa. Como resultado, durante os momentos em que está passando pela Fase II, ele sente muito tédio, ao viver de acordo com o que não é realmente novo para ele. Seu descontentamento geral consigo mesmo faz com que sinta dificuldade para se refletir através dos outros. Ele pensa que sabe o que quer, mas uma avaliação geral e objetiva de sua vida mostra que ele geralmente não está em contato consigo mesmo o tempo suficiente para entender seus verdadeiros desejos interiores. A beleza desta posição é que, enquanto ele vai pela vida, a ação Retrógrada do planeta continua impelindo-o para dentro de si mesmo a fim de que, finalmente, ele venha a entender que seus desejos nunca foram os símbolos que ele procurava no mundo exterior, mas, certamente, um desejo interior muito mais profundo de estabelecer dentro de si a essência da auto-estima.

Esta é uma posição muito difícil para o casamento, uma vez que o indivíduo é excessivamente autoconsciente. Ele precisa desenvolver maior sensibilidade aos outros. Muito freqüentemente, ele vê os outros mais como rivais na arena do seu próprio crescimento do que como indivíduos distintos com necessidades e sentimentos que bem podem ser tão intensos quanto os seus.

Ele pode realizar muito, uma vez que meça forças consigo mesmo ao invés de fazê-lo com outras pessoas ou forças externas que estão além do seu controle.

MARTE RETRÓGRADO EM TOURO

Em Touro, Marte está mais confortável durante a Fase III, onde o indivíduo reabsorve seu passado que, assim, lhe dá a segurança que está procurando. Basicamente, ele tem medo de tomar novas atitudes. Como resultado, ele cria sua vida em função de seu passado, sentindo-se mais seguro de que tudo dará certo. A pré-programação das necessidades físicas é forte. Ele guarda ressentimentos e muitas vezes, por engano, dirige sua raiva contra si mesmo, como punição. A pessoa quer se sentir perto dos outros, mas, ao invés disso, se mantém afastada, criando uma tensão interior.

Isto é particularmente frustrante porque o desejo Taurino por calor humano e proximidade é inibido pela tendência de Marte Retrógrado a demorar-se na Terceira Fase, que simboliza introspecção.

De muitas maneiras, esta é a eterna criança, que não quer crescer e mudar os padrões de sua juventude. Ele é uma pessoa de hábitos, e pode conservar muitos maus hábitos apenas porque a quantidade de experiência é capaz de preencher a necessidade Taurina por abundância. Ele gosta de ficar sozinho mas quer saber que não foi deixado sozinho. Assim, ele se afasta dos avanços feitos em sua direção, enquanto ao mesmo tempo sabe que se sentiria angustiado se estes não existissem.

O Carma desta posição se relaciona ao aprendizado do indivíduo em aceitar suas próprias necessidades físicas e sociais. Ele pode realmente esgotar-se pela interiorização de seus conflitos nestas áreas.

MARTE RETRÓGRADO EM GÊMEOS

Marte Retrógrado associa-se à flexibilidade de Gêmeos de tal modo que pode atuar durante as três Fases Retrógradas. Durante a Fase I a curiosidade mental empurra a pessoa para experiências futuras. Ele se torna profundamente interessado em tudo que ainda não experimentou.

Na Fase II ele é menos exuberante e se sente um pouco desapontado ao ver, na realidade, tudo que na Primeira Fase previu em sua imaginação. Contudo, ele experimenta as escolhas que Gêmeos gosta de expressar exteriormente e das quais ele já está seguro, enquanto testa as que ainda não experimentou. É durante esta fase que ele se torna excessivamente preocupado com suas ações.

Isto o conduz à Fase III, onde ele se repete constantemente. De todas as posições de Marte Retrógrado esta é uma das mais fáceis para o indivíduo lidar. Sua lição de vida é aprender a quantidade adequada de força a ser usada no relacionamento com os outros.

Algumas vezes ele provoca reações fortes em si mesmo durante a Fase III, pois a inquietação de Gêmeos o deixa ansioso durante este período tipicamente introspectivo.

Sexualmente ele sente uma frieza que algumas vezes o leva a julgar os outros, particularmente no que se refere a seus motivos. Seu Carma é aprender quem ele é, através do modo como se relaciona com outras pessoas. Ele muda sua abordagem à vida de acordo com os caminhos em que os ventos do acaso estejam soprando em determinado momento, pois ele está mais interessado em como está se arranjando do que em ter sua vida posicionada por qualquer princípio pessoal. Assim, ele não é tão honrado quanto é adaptável a seja o que for que a vida coloque em seu caminho. Evitando envolvimentos profundos, ele tende mais à superficialidade do que a experimentar a vida num nível profundo.

Ele precisa aprender que os intensos desejos que vê nos outros, na realidade, são seus.*

MARTE RETRÓGRADO EM CÂNCER

Esta é uma posição muito frustrante para Marte Retrógrado porque a qualidade cardinal continua impulsionando a pessoa para

---

* Veja p. 26, Retrógrados e Projeção de Pensamento.

a Fase I, onde há um forte desejo por novas experiências e, ainda assim, a sensibilidade emocional juntamente com a necessidade infantil de proteção continuam prendendo o indivíduo de volta à Fase III, onde suas qualidades de introversão tendem a fazê-lo representar sua vida, mais dentro do seu Ser emocional do que através do mundo à sua volta.

Em alguns casos, particularmente nas mulheres, pode haver um forte Complexo de Eletra, no qual sentimentos sexuais infantis dirigidos ao pai, e reprimidos, continuam a guiar a maioria dos desejos de sua vida. O indivíduo sente-se atraído por pessoas do sexo oposto com idades muito diferentes da sua.

Há uma tendência a tentar fazer os outros parte de sua própria família e a desejar se aproximar do mundo exterior.

Uma vez que Câncer tem muito a ver com os anos de formação, as qualidades introvertidas naturalmente receptoras da Terceira Fase tornam-se acentuadas e aumentadas, pois todo desejo futuro é tentar recriar o seguro início da vida. O indivíduo reage muito fortemente às pessoas mais velhas, no sentido de ser ou não capaz de satisfazer as expectativas delas.

Ele pode guardar desejos dentro de si, por muitos anos, e mesmo quando estes desejos não o satisfazem, sente dificuldade para redirecionar suas energias. Ele precisa aprender a ficar mais em contato com seus impulsos que estão emergindo de seu inconsciente e assim não se sentir impelido a refazer o mundo da maneira que a sua vida familiar deveria ter sido.

Em outras encarnações suas experiências traumatizantes foram durante sua juventude e é apenas quando ele simbolicamente as representa outra vez, através de papéis que encena com os outros, é que pode realmente trazer para a vida atual o desejo que faz parte dele.

MARTE RETRÓGRADO
EM LEÃO

Aqui o indivíduo pode se tornar uma ilha em si mesmo. O orgulho de Leão combina com a força de Marte para criar um sentimento interno de domínio sobre as outras pessoas. O indivíduo raramente reconhece seu efeito sobre os outros e pode avançar impetuosamente, fazendo os outros se afastarem dele, assustados, enquanto são confrontados com as fraquezas dentro de si mesmos. A semente com a qual isto ocorre durante a Fase I, aumenta a intensidade da reação. A concepção do indivíduo a respeito de si mesmo é altamente subjetiva, baseada mais sobre seu impulso presente do que sobre a maneira como os outros refletem de volta para ele.

Se houver um indivíduo com um forte desejo de ser justo e que contudo vive egoisticamente ao mesmo tempo, será ele.

Algumas vezes existe dificuldade para educar uma criança do sexo masculino e o indivíduo pode realmente impedir o progresso da criança por esperar muito dela.

Esta pessoa não ouve conselhos. Ele é defensivo porque teme perder a ilusão da posição que construiu para si mesmo e, assim, de vez em quando, provoca atritos com os outros.

Suas metas são tão elevadas que quando são energizadas através de Marte Retrógrado, ele quer atingir a satisfação total em tudo o que vê. Ele precisa aprender quão irrealistas são estas expectativas em sua vida cotidiana.

Ele traz consigo para esta vida um forte desejo de estar no comando, assim ele continua construindo situações competitivas onde na realidade elas não deveriam nem existir. De todas as posições Marcianas, esta é uma que não pode agüentar perder. Aparentemente alguns esforços de vida passada não foram recompensados e satisfeitos. Agora o indivíduo tenta recapturar seu passado convencendo a si mesmo de que possui um certo grau de poder sobre sua vida e sobre todos aqueles que ele permite se aproximarem dela.

MARTE RETRÓGRADO
EM VIRGEM

Esta é uma das posições mais difíceis de Marte Retrógrado no que se refere a relacionamentos pessoais. Se Marte não fosse Retrógrado, o indivíduo avaliaria todo desejo em função de idéias perfeitas. O retrógrado muda estes sentimentos a ponto de o indivíduo ser forçado a viver seus ideais ao invés de esperar que venham dos outros. Assim, ele julga a si mesmo embora tente conservar suas ilusões de perfeição. Ele tem medos interiores dos outros e se relaciona mais facilmente com objetos do que com pessoas. É altamente sensível e reage fortemente à pressão daqueles que estão ao seu redor. Muitas pessoas com esta posição defendem-se tanto contra a repetição de uma mágoa passada que propositadamente se fecham para não desenvolver qualquer intimidade real com os outros. Freqüentemente eles se sentem menosprezados por aqueles que tentaram agradar no passado.

É difícil para esta pessoa relaxar, porque a energia mental é estimulada pelo impulso sexual. Algumas vezes isto provoca um interesse muito ativo na sexualidade, com muito pouca expressão física.

O indivíduo tem grande necessidade de buscar a perfeição dentro de si mesmo. Em vidas anteriores ele aprendeu a distinguir entre seus diferentes desejos e agora separa tudo categoricamente em pequenos compartimentos arrumados em sua mente. Percebendo imperfeições nas atitudes alheias, ele pode sentir extrema desconfiança de toda nova pessoa que encontra. Enquanto as relações se desenvolvem, ele tenta encontrar o defeito no caráter da outra pessoa, que finalmente o convencerá de que seus caminhos pré-programados de lidar com esta pessoa eram justificados e corretos.

Se a pessoa com Marte Retrógrado em Virgem ouvisse o que está dizendo ou pensando a respeito dos outros, ela aprenderia que a perfeição que está procurando começa dentro de si mesma.

MARTE RETRÓGRADO EM LIBRA

Esta talvez seja a posição mais difícil para Marte Retrógrado. Aqui o indivíduo não apenas sente dificuldade para identificar seus próprios desejos, como também assume os desejos dos outros, pensando que são seus. Conseqüentemente, ele passa por um estado de limbo enquanto se sente sendo atirado de um lado para outro através dos desejos, necessidades e vontades de todos em sua vida. Ele traz consigo para esta encarnação o contínuo Carma de não compreender verdadeiramente o que quer. No passado, ele viveu para os desejos dos outros. Agora, ele sente dificuldade para encontrar o centro do seu ser. Como resultado, a procura por auto-identificação torna-se tão forte que muitos com esta posição são poderosamente atraídos por pessoas do mesmo sexo através das quais eles finalmente esperam encontrar a si mesmos.

A Fase Retrógrada na qual o indivíduo ficará mais tempo continua mudando de acordo com a pessoa com quem estiver. Possuindo pouco senso de auto-estima ele tenta se inter-relacionar com as qualidades de Áries de toda pessoa que encontra.

A frustração que o indivíduo experimenta torna-se intensificada enquanto ele tenta equilibrar harmoniosamente os diferentes impulsos e desejos vindos de todas as pessoas que conhece. Finalmente ele cria em si mesmo uma espécie de paralisia emocional juntamente com um grau de credulidade em relação ao seu meio ambiente externo.

Carmicamente ele está sendo forçado a saber quem é, entre todos os que ele sente que poderia ser.

MARTE RETRÓGRADO EM ESCORPIÃO

Uma vez que Escorpião é o signo da transformação e Marte o planeta que energiza toda emoção, este indivíduo tem uma vida interior muito ativa. Através de todas as três fases, o planeta trabalha a favor do indivíduo, mas o voltar-se para dentro do Retrógrado, juntamente com o constante impulso de Marte, nunca dá ao indivíduo uma chance para descansar. Ele sente constantemente que não está alcançando tudo que poderia.

Em alguns casos, quando Marte é utilizado fisicamente, isto pode levar a uma gula muito grande. Mesmo que o indivíduo dirija sua vida para o caminho espiritual, ele se vê confrontado com tentações. Ele sempre sente que existem forças exteriores impedindo que alcance suas metas. Assim, ele desenvolve uma forte energia dentro de si mesmo a fim de dominar estes inimigos imaginários ao seu desenvolvimento.

Em alguns casos ele não conhece seu próprio sistema de necessidades. Ele pode ser muito impaciente na Fase I, totalmente entediado na Fase II e insatisfeito durante a Fase III, enquanto tenta atingir o auge do impulso veemente que nunca termina.

Freqüentemente está trazendo um ressentimento de outra vida, e mesmo nesta encarnação, ao invés de perdoar os que o magoaram, ele enterra sua raiva em níveis inconscientes, onde continuará a trazê-la como parte de sua constituição básica. Como resultado, ele pode se tornar seu pior inimigo.

Carmicamente ele precisa aprender que ao invés de destruir a si mesmo, ele deveria estar destruindo as partes do seu antigo Ser que o tem mantido afastado dos outros.

MARTE RETRÓGRADO EM SAGITÁRIO

Aqui a impulsividade está no seu auge, pois o indivíduo quer experimentar o mundo todo — ontem. Sua inquietação é muito profunda, pois ele nunca sabe as prioridades de suas necessidades. Esta dispersão acontece não somente nas coisas que faz, mas também, internamente, em sua própria auto-identificação. Ele tenta experimentar o mundo todo em todas as suas diferentes cores e aromas dentro de si mesmo.

Algumas vezes, a hostilidade continua na encarnação presente e impede que o indivíduo veja os outros numa perspectiva verdadeira. Grande parte de sua vida, bem como a maneira de ver os outros, não se baseia na realidade.

Ele tem dificuldade para apontar seus desejos por um período de tempo suficiente para saber se eles são significativos. Durante a Fase I ele pode parecer excessivamente extrovertido e, ainda assim, nada do que procura alcançar representa a plenitude de tudo que está buscando. Ele tenta justificar seus motivos e gosta de acreditar que está certo.

Esta é uma posição particularmente ruim para o casamento, uma vez que esta pessoa é muito individualista, bem como um pouco sonhadora, e dificilmente permanece em algum lugar o tempo suficiente para que outro indivíduo sinta que o está satisfazendo.

Carmicamente ele está procurando encontrar seu lugar no mundo. Ele precisa saber a razão de sua existência e encontra partes desta razão através de cada novo lugar que visita e cada nova pessoa que encontra.

Ele precisa aprender a equilibrar as necessidades filosóficas de Sagitário com a sede física por experiências, de Marte. Finalmente, a natureza do Retrógrado faz com que ele se volte para dentro, onde aprende a transformar suas experiências no que virá a ser a razão de sua existência.

MARTE RETRÓGRADO EM CAPRICÓRNIO

Aqui o indivíduo gasta a maior parte de suas energias tentando construir seus próprios sentimentos de autovalor. Ele tende a reunir todos os pensamentos exteriores, as coisas e as pessoas que construirão uma pirâmide sobre a qual ele finalmente se sentará.

Ele experimenta conflitos entre a impulsividade da juventude e a reserva da velhice. Como resultado, ele constantemente cria experiências de vida com pessoas cujas idades são diferentes da sua, pois tenta obter a aceitação através de diferentes grupos de pessoas. Ele leva a sério todos os seus atos e, às vezes, quando está na Terceira Fase, pode até mesmo se achar responsável pelas ações dos outros.

Como Capricórnio é particularmente um signo Cármico devido à regência de Saturno, ele faz com que o indivíduo sofra os efeitos de tudo o que provoca, mais do que qualquer outra posição zodiacal, pois ele finalmente percebe que é responsável por todas as suas ações. Ele quer ser responsável por si mesmo e não correrá riscos na vida onde ele possa ficar exposto à rejeição ou ao fracasso.

Se estes indivíduos se colocarem num caminho espiritual não há limites para o que podem realizar, pois eles próprios são seus melhores guias. Cheios de propósitos na Fase I do Processo Retrógrado, completamente funcionais durante a Fase II e profundamente introspectivos durante a Fase III, estas pessoas sabem exatamente para onde estão se dirigindo na vida, bem como o que fazer para chegar lá.

MARTE RETRÓGRADO
EM AQUÁRIO

Aqui o indivíduo está mais confortável na Fase I na qual ele deseja vagar onde não existem pegadas à sua frente. Ele não coloca limites à liberdade que quer experimentar e está trazendo dentro de si, nesta encarnação, a continuação de um instinto livre que foi desenvolvido em vidas anteriores. Uma vez algemado pelos limites da sociedade, ele se revolta contra as normas da vida atual, e procurará novas regras que transcendam as que já existem. Sua vida é extremamente colorida, refletindo uma atitude de "vale tudo", e o que o impede de experimentar o mundo como se fosse um *playground* são as instituições e tradições nas quais ele tropeça. Destas, ele rapidamente se desvia.

Sexualmente, ele é inseguro, mas em todos os níveis é aquele que busca tudo que parece não interessar ao mundo. Muito inconstante, seus impulsos variam de dia a dia e, com eles, sua concepção a respeito de quem ele é. Ele tenta internalizar o futuro, imaginando todas as idéias de ficção científica como probabilidades que pode experimentar pessoalmente. Ele gosta das pessoas mas é um solitário e não pode aceitar ser pessoalmente limitado pelas idéias de outras pessoas.

Carmicamente ele está vivendo através de muitas regiões transcendentais de realidade fora das regras tradicionais.

MARTE RETRÓGRADO
EM PEIXES

Aqui o indivíduo gasta a maior parte de suas energias na Terceira Fase, na qual ele internaliza suas ações passadas a fim de ter uma imagem verdadeira de si mesmo. Freqüentemente isto provoca muita tristeza, pois ele tende a se culpar por mágoas que imagina ter causado em outras pessoas. Ele prefere se afastar das pessoas ao invés de ser responsável pela causa de seus sofrimentos. Sua auto-imagem é extremamente baixa e ele não luta pelo que acredita estar certo. Embora queira ser capaz de agradar aos outros, ele freqüentemente vê a futilidade de seus planos e ações.

Acreditando que as dificuldades da humanidade estão no seu auge, ele não entende que de momento a momento o mundo está apenas se transformando e não sendo um resultado final. É esta falta de entendimento que o torna um escapista, ao invés de ficar no centro de tudo que está à sua volta. Ele tende a absorver mais do que pode porque se vê como sendo integrado com mais do que é necessário.

Carmicamente ele está lutando por uma identidade cósmica dentro de si mesmo e precisa aprender a não confundir as ações das personalidades de outras pessoas com a essência de tudo que ele deseja ser.

MARTE RETRÓGRADO
NA PRIMEIRA CASA

Aqui o indivíduo está mais confortável na Fase I do Processo Retrógrado, na qual ele tenta se projetar no futuro que deseja agora. Quando não pode fazer as coisas acontecerem instantaneamente, ele usa muito de projeção de pensamento, trazendo os outros para seus desejos Cármicos, até que finalmente acredita que pode realmente fazer com que o futuro aconteça mais depressa do que ele sente que aconteceria se não tivesse ajudado.

Ele é muito inseguro, particularmente no que diz respeito à sua sexualidade, que na maioria das vezes parece estar fixada em sua juventude. Devido à sua impaciência, ele tende a entrar em atividades e comportamentos aparentemente inúteis, tentando criar tudo que naturalmente aconteceria espontaneamente. Ele é o guerreiro isolado de seus desejos de vida passada que se manifestam novamente em sua atual encarnação, querendo que outros se juntem a ele e ainda assim não admitindo verdadeiramente que ninguém entre em seu próprio espaço psíquico. Assim, ele vive grande parte de sua vida sozinho.

Ele é excessivamente autoconsciente e vê a maior parte do mundo exterior como uma ameaça ao seu próprio "ego" pessoal. E é por isto que ele tenta criar situações nas quais possa provar que é ele quem domina. Como resultado, ele é muitas vezes agressivo com os outros, dificilmente lhes dando uma chance para pensar. Deste modo, ele tem certeza que suas idéias não serão rejeitadas.

Ele está continuando um Carma de vida passada, de construir sua auto-identidade e gasta uma enorme quantidade de energia defendendo qualquer espaço que tenha conquistado anteriormente. Na vida presente ele precisa aprender a ver e a estar "no aqui e no agora" a fim de que não reaja fortemente a situações que ele mesmo criou.

MARTE RETRÓGRADO
NA SEGUNDA CASA

Aqui o indivíduo gasta a maior parte de seu tempo e energia na Fase III do Processo Retrógrado. Ele tem muitos desejos na vida mas nem sempre tem o impulso para controlar seus desejos através do árduo trabalho que os transformará em realidade.

Às vezes ele pode ser muito ciumento dos outros quando, de fato, ele está apenas zangado com seu próprio fracasso em alcançar o potencial que sente estar dentro de si mesmo. Ele pode meditar e agarrar-se a argumentos superados há muito tempo. Isto acontece porque ele é tão altamente subjetivo que nem sempre vê o ponto de vista de outra pessoa.

Carmicamente ele traz consigo para esta vida uma forte natureza de desejo com a qual terá que lidar em todos os níveis. Às vezes ele tende a sentir pena de si mesmo a fim de obter ajuda dos outros. Desta maneira ele pode reabastecer a energia que gastou criticando a si mesmo por fracassar. Ele pode aparentemente concordar com os outros, reconhecendo suas realizações, mas, interiormente, na verdade, não lhes dá crédito. Ele realmente deseja que as realizações dos outros pudessem ter sido suas. Como tal, ele tende a utilizar um processo de projeção de pensamento para se identificar com as realizações dos outros, esperando, através de algum método desconhecido, internalizar e tornar seu o progresso que estes fizeram por si mesmos.

Ele tende a se conter sexualmente, secretamente temendo perder alguma coisa. Isto é devido a medos infantis provenientes de um antigo aprendizado de que o mundo realmente pode tirar alguma coisa dele. Ele alcançará a felicidade quando perceber que ele é quem cria tudo com o que tem que lidar na vida, e que tudo que possui ou deseja possuir é simplesmente a simbologia coletiva de tudo que valoriza.

MARTE RETRÓGRADO
NA TERCEIRA CASA

Aqui o indivíduo experimenta um desalinhamento em seus processos de comunicação. Ele tende a passar muito tempo na Fase I do Processo Retrógrado esforçando-se para se expressar de uma maneira que lhe mostrará que ele realmente marcou os outros negativamente. Ele fere a sensibilidade das pessoas sendo excessivamente rude ou usando muita força enquanto impacientemente tenta dizer o que quer.

No horóscopo de uma mulher, esta posição freqüentemente pode significar atração por homens assexuados, ou que sejam inatingíveis. A mulher não está verdadeiramente procurando a energia do homem a nível sexual, pois isto pode ferir suas próprias sensibilidades. Pelo contrário, ela pode preferir relacionamentos platônicos.

Com esta posição, a Fase III do Processo Retrógrado também pode entrar em funcionamento, pois há uma tendência muito forte de criticar as ações e pensamentos muito tempo depois da experiência original ter acabado. Assim, no lado pessoal da vida, tudo pelo que o indivíduo passa, finalmente, se torna um eco interminável.

Ele está vivendo um Carma de aprender a lidar com sua sensibilidade para com o mundo exterior na esfera de seus relacionamentos pessoais. Ele alcançará a felicidade quando superar sua necessidade de personalizar seu meio ambiente. Finalmente ele pode superar o desejo de ter uma participação ativa em tudo que acontece ao seu redor. Quando ele dominar isto, experimentará uma nova sensação de liberdade que suas almas têm pedido.

MARTE RETRÓGRADO NA QUARTA CASA

Aqui o indivíduo passa muito tempo na Fase III do Processo Retrógrado, na qual ele tenta reviver as experiências emocionais de seu passado. Ele tende a combater sua própria evolução natural, pois um forte desejo inconsciente de voltar para o útero o mantém enraizado em algum estágio anterior de forte conflito psicológico com um dos pais. Enquanto o indivíduo vai pela vida, ele parece se relacionar melhor com pessoas cujas idades são muito diferentes da sua. Ele pode obter mais força destas pessoas mais velhas do que de si mesmo, enquanto ao mesmo tempo testa sua própria força nos mais jovens.

Este indivíduo necessita de constante estímulo se quiser fazer algo construtivo com sua vida. Ele pode ser um enorme consumidor de energia dos que estão à sua volta, pois tende a precisar da energia alheia para se direcionar. Todas as posições de Marte Retrógrado tendem a tirar energia dos outros, mas aqui, na Quarta Casa, a influência aquática lunar aumenta este efeito a ponto das necessidades interiores do indivíduo poderem esvaziar completamente os que estão ao seu redor.

Ele está vivenciando um forte Carma de dependência e na verdade não quer estar nesta vida sem depender de ninguém, e tende a querer dividir suas responsabilidades com aqueles que sente que são mais fortes do que ele.

Geralmente ele escolherá como amigos pessoas que são imagens simbólicas dos pais. É através destas pessoas que ele culpará um de seus pais por todos os obstáculos que ele não pode superar nesta vida.

Na mulher, o ato de evitar os homens é intensificado por esta posição da casa. Ela se torna uma prisioneira de seus medos até perceber que tem energizado negativamente memórias de uma vida passada.

MARTE RETRÓGRADO NA QUINTA CASA

Com esta posição o indivíduo experimenta dificuldades para expressar sua criatividade. No nível sexual sua vibração atrai e repele, alternativamente, enquanto ele se move pelas diferentes Fases Retrógradas. Existe uma tendência a estar fora de sintonia com as forças cósmicas naturais, pois o indivíduo está se esforçando muito para ser ele mesmo. Algumas vezes ele sente que está lutando contra a corrente. Mas se esforça para criar estas correntes para que tenha alguma coisa para nadar contra. Nesta posição os casos amorosos são difíceis e o impulso sexual não flui suavemente. Ao mesmo tempo, todas as qualidades infantis no horóscopo tornam-se aumentadas.

Em determinado momento na vida haverá energia que será gasta no relacionamento com uma criança do sexo masculino que seja rebelde, ou com uma pessoa mais jovem que se recusa a se encaixar num modelo de comportamento esperado.

O conceito de progresso significa frustração, porque o indivíduo constantemente sente que deveria estar fazendo algo diferente do que faz. Ele tende a meditar sobre os contratempos da vida ao invés de procurar por novos horizontes.

Ele está experimentando o Carma de rever todo seu processo criativo, pois muito do que criou no passado só o deixou insatisfeito. Agora, precisa aprender o que realmente é importante para ele, no que diz respeito ao seu sentimento de bem-estar. Ele será capaz de fazê-lo melhor quando superar os sentimentos inconscientes de superioridade, que têm estado alimentando seu "ego" ao invés de construir sua confiança.

MARTE RETRÓGRADO NA SEXTA CASA

Aqui o indivíduo é apanhado entre o conflito de quanto ele deveria fazer pelos outros e de quanto deveria fazer por si mesmo. Ele tende a se ofender com os outros se lhe disserem como fazer as coisas e, ainda assim, inconscientemente quer seus conselhos. Muito independente, ele luta para governar sua própria vida entre uma torrente de circunstâncias externas que determinam a direção de suas energias. Ele é muito consciente de que não deseja ser usado pelos outros e, ainda assim, é exatamente este pensamento que o faz continuar chamando para a sua vida as mesmas pessoas que podem lhe fazer isto. Ele pode ser extraordinariamente frio quando as situações pedem calor porque ainda não aprendeu completamente a confiar nos motivos das outras pessoas.

No trabalho ele tende a subestimar a validade de seu próprio rendimento. Ele está buscando a autoperfeição através de suas realizações, e, sendo excessivamente crítico de si mesmo, também espera muito dos outros. Em alguns casos isto resulta numa tendência a julgar os outros e pode ser levado a um extremo onde a mente inconsciente do indivíduo não vê outro ser humano tendo a habilidade de viver de acordo com expectativas plenas. Ele também pode experimentar períodos de frigidez sexual, que algumas vezes levam à completa impotência. Tudo isto se deve ao fato de ele estar vivendo um Carma de procura de perfeição nas ações. E, enquanto ele tenta organizar o mundo ao seu redor, vagarosamente começa a se organizar. Contudo, sua abordagem à vida é excessivamente severa e, em todos os níveis, seria bom se seguisse o conselho de Desiderata: "Acima de tudo — seja gentil consigo mesmo." Quando aprender isto, toda a sua visão a respeito dos outros muda dramaticamente.

MARTE RETRÓGRADO
NA SÉTIMA CASA

Aqui o indivíduo experimenta uma desorientação em seus relacionamentos com os outros. Para ele, é difícil ser casado, uma vez que o lado de si mesmo que ele vê numa esposa é geralmente o que ele é menos capaz de aceitar. No horóscopo de uma mulher, esta posição freqüentemente indica uma vida passada de ódio aos homens. Nesta vida ela tenderá a procurar razões que justifiquem seus sentimentos. Muitas vezes existe a expectativa de que o companheiro esteja propositadamente tentando magoá-la.

Existem muito poucos indivíduos com esta posição que não possuem, inconscientemente, uma índole agressiva. Freqüentemente, isto se manifesta em relacionamentos muito controvertidos, quando o indivíduo não está absolutamente querendo ter um relacionamento.

Basicamente, existe uma desconfiança das pessoas. O indivíduo está constantemente prevenido contra a possibilidade de ser magoado. E é esta mesma pré-programação que faz com que provoque nos outros sentimentos hostis, que provam seu ponto de vista.

Carmicamente esta pessoa tem muito a aprender sobre dar e receber nos relacionamentos íntimos. Sua vida é uma contínua lição para seu "ego", a fim de que um dia ele possa se alinhar numa perspectiva equilibrada com os efeitos que provoca nos outros. Até que seja capaz de perceber esta lição, ele inconscientemente sentirá em si mesmo toda reação negativa que provocou nos outros.

MARTE RETRÓGRADO
NA OITAVA CASA

Aqui o indivíduo passa por grande tensão interior. Ele não expressa facilmente as frustrações que sente como resultado do sutil caminho no qual está sintonizado com os desejos de outras pessoas. Freqüentemente, ele não consegue separar as vontades dos outros das suas, e isto o torna hesitante em expressar o forte impulso que sente.

Esta posição freqüentemente provoca dificuldades sexuais pois o indivíduo sente interiormente a possibilidade de rejeição, que em seu subconsciente ele rapidamente associa com medo de ser abandonado, de deserção e da própria morte. Ele tende a se alienar de muitas das coisas que lhe trariam a satisfação que ele pensa estar procurando. Assim ele se sente separado da sociedade.

Enquanto continua negando a si mesmo a satisfação, ele secretamente inveja os outros. Esta posição, se usada negativamente, pode ser particularmente destrutiva pois o indivíduo sente interiormente as vibrações inferiores do espaço celeste a seu redor. Entretanto, do lado positivo, a pessoa pode usar esta posição para ter os ideais elevados que ele intuitivamente percebe em seus níveis mais profundos. Isto transformará não só a ele, como aos que estão ao seu redor.

Carmicamente ele está experimentando internamente a natureza do desejo do mundo no qual vive e, quer escolha representá-lo durante as Fases I ou II, ou observar como age sobre ele durante a Fase III, ele no entanto é confrontado com a luta para superar seus impulsos físicos. Ele alcançará a felicidade no dia em que tiver domínio sobre suas necessidades.

É através da profundeza e da perspectiva que a Oitava Casa lhe oferece a habilidade de ver a verdadeira essência da natureza de seu desejo.

MARTE RETRÓGRADO
NA NONA CASA

Com esta posição o indivíduo tem um grande desejo interior por liberdade. Algumas vezes é a liberdade da escravidão das emoções de outras pessoas, mas em níveis mais elevados torna-se uma busca para transcender o próprio pensamento humano. Em alguns, isto se manifesta como uma busca religiosa ou espiritual que beira o fanatismo.

O casamento é raro com Marte Retrógrado na Nona Casa, pois as qualidades solitárias de Marte se combinam com as tendências celibatárias da Nona Casa para fazerem o indivíduo desejar ser um espírito livre. Em alguns casos a pessoa está fora de contato com seu impulso sexual e pode realmente estar projetando fortes impulsos sexuais, durante a Fase I do Processo Retrógrado, sem ter nenhum conhecimento consciente disto. Para aqueles que têm uma busca espiritual, esta posição provoca dificuldades que resultam na inabilidade para controlar ou estabilizar o corpo astral. Aqui, a liderança de um professor é de extrema importância antes de se tentar qualquer forma de projeção astral.

Carmicamente, Marte Retrógrado na Nona Casa oferece uma vida que é quase como uma bênção solitária. Através de períodos de isolamento de circunstâncias que forçam o indivíduo a lidar com suas atitudes interiores e com seus efeitos, ele está trazendo vidas da natureza de seu desejo para o compartimento sagrado de sua mente superior, onde de uma vez por todas ele pode atingir a união consigo mesmo. Como todos estes desejos são transformados e elevados para um plano superior, ele é capaz de finalmente completar a lição shakespeariana: "Para teu próprio ser, seja verdadeiro."

MARTE RETRÓGRADO NA DÉCIMA CASA

Aqui o indivíduo sente conflitos nas decisões que precisa fazer para estabelecer a segurança de seu futuro. Muitas de suas metas são baseadas no passado e assim cada passo para a frente traz consigo o fardo total de seu destino.

Ele tende a sentir que barreiras o estão detendo, mas na verdade elas lhe pertencem. Desejando ganhar a estima de seus semelhantes, ele freqüentemente examina e reexamina suas ações a ponto de parecer um protelador. Ele divagará e passará por incontáveis atividades antes de dar o passo que, durante todo o tempo, sabia que iria dar.

A vida profissional tende a ser atraída para trás no sentido de que o indivíduo, muito cedo na vida, se esforça para alcançar o topo da montanha, e, então, posteriormente, reconstitui seus passos para realisticamente se colocar em níveis com os quais deveria ter lidado antes. A vida é uma sucessão de passos desviados que mais tarde são reconstituídos enquanto ele continua tentando equilibrar suas bases.

Carmicamente esta pessoa está aprendendo a encontrar seu futuro. E, sempre, é reconstituindo e preenchendo as lacunas em seu passado que torna seu bem-sucedido futuro mais garantido. Quando fica mais velho, aprende a construir por caminhos que são mais significativos para seu propósito final, ao invés de viver sob o peso de uma ilusão de vida passada de que ele precisa conquistar um mundo que é muito difícil de dominar.

MARTE RETRÓGRADO NA DÉCIMA-PRIMEIRA CASA

Com Marte nesta posição, existe um forte desejo de sonhar acordado. O indivíduo se coloca em estados de consciência que lhe permitem reviver momentos em seu passado. Ele tende a se esquivar de responsabilidades impostas, mas pode lidar com elas sozinho desde que ninguém o esteja fazendo se sentir responsável. Ele pode passar muitas horas sozinho ou envolvido em atividades que para os outros não parecem práticas. A verdade é que a maior parte de suas energias estão voltadas para seus sonhos, mas ele desperdiça tanta energia que raramente é capaz de fazer com que estes sonhos se tornem realidade.

Freqüentemente ele fica desligado de seu desejo sexual, e tem muita dificuldade para integrá-lo ao resto de sua vida.

A principal dificuldade é que ele vê quão rápida e facilmente suas ambições, esperanças e sonhos vão para a realidade de suas fantasias, mas sabe quanto esforço seria preciso para trazer estes delicados sonhos para sua vida quotidiana. É neste ponto que ele bloqueia a si mesmo. A parede imaginária entre fantasia e realidade mantém a maior parte de suas energias focadas em seus sonhos.

Carmicamente ele está aprendendo a energizar suas ambições e assim, após vidas de imaginação, ele será capaz de quebrar a barreira mental que impediu que elas se tornassem reais. As dificuldades que experimenta ao se relacionar com os outros são simplesmente os catalizadores que o levam a transcender suas supostas inadaptações e, assim, ele desenvolve um desejo suficiente para mudar sua identificação com o mundo. Quando consegue isto, suas ações se originarão de uma perspectiva nova e muito mais satisfatória.

É interessante notar que, nesta posição de Marte, as delicadas qualidades errantes da Décima-Primeira Casa têm menos a ver com as Fases Retrógradas que o indivíduo experimenta do que o verdadeiro signo do Zodíaco que lá se manifesta.

MARTE RETRÓGRADO NA DÉCIMA-SEGUNDA CASA

Aqui a natureza completa do desejo é fortemente enraizada num Carma de vida passada. Geralmente existiram ocasiões lamentáveis que deixaram o indivíduo com muita raiva oculta. Ele tende a vê-la nos outros, porque a está procurando, mas raramente a reconhece em si mesmo. No horóscopo de uma mulher isto torna o relacionamento com os homens quase impossível, pois cada novo homem simboliza de alguma maneira aquele indivíduo que numa vida passada a magoou profundamente. Como resultado há uma grande tendência a desconfiar dos motivos dos homens, uma vez que o indivíduo sente que não há muitas razões para esperar um tratamento melhor no futuro.

Com esta posição a energia da vida está sendo dirigida para trás no tempo, com a esperança de finalmente encontrar onde e o que saiu errado. Assim, homem ou mulher, é muito difícil para esta pessoa viver no presente. Toda tentativa para ajudar o indivíduo tende a falhar, até que a pessoa encontre, nos profundos recessos de sua consciência, o que ela pensa estar procurando.

A lição Cármica nesta vida é aprender a perdoar. A pessoa precisa compreender que é impossível perdoar sem esquecer. Quando o indivíduo aprender isto, ele não mais terá de internalizar tudo e pode libertar aquelas partes de si mesmo presas no passado.

JÚPITER RETRÓGRADO

JÚPITER RETRÓGRADO
SÍMBOLO ESOTÉRICO

Júpiter, o grande doador benéfico, é simbolizado pela meia-lua da Alma elevando-se verticalmente do braço ocidental da Cruz da Matéria (♃). Quando Matéria e Alma se combinam harmoniosamente, cada uma é capaz de realizar a outra. É interessante notar que o braço ocidental da Cruz é muito importante, pois o Ocidente sempre simboliza maturidade daquilo que se originou de seu nascimento no Oriente. No símbolo comum, a Cruz da Matéria aparece no lado oriental da meia-lua da Alma. Assim, o que o indivíduo materializou anteriormente na vida, mais tarde forma sua sabedoria.

Para Júpiter Retrógrado, o símbolo invertido mostra a meia-lua da Alma no leste levando a Cruz da Matéria para o oeste. Assim, o que o indivíduo sabe dentro de sua Alma logo cedo nesta vida (e como resultado de encarnações passadas) é o que sempre dá à luz ao que ele, mais tarde, experimenta na matéria. Isto pode fazer da experiência Retrógrada uma viagem altamente espiritual, se o indivíduo utilizá-la em seu melhor potencial. Em Júpiter Retrógrado, existe uma espécie de insistência incorruptível a respeito da verdade, uma vez que ela não depende tanto das mudanças na matéria, que freqüentemente dominam os significados de tantas outras configurações planetárias. O indivíduo é livre para experimentar a si mesmo num nível mais puro do que se sua verdade dependesse de sua existência material.

Ao mesmo tempo, esta configuração provoca conflitos com o mundo exterior, pois o idealismo precede o aspecto prático. Uma afinidade natural pela verdade pura de Júpiter cria uma aversão pelas experiências mundanas de todo dia.

JÚPITER RETRÓGRADO
PERSONALIDADE

O indivíduo com Júpiter Retrógrado é uma verdade viva em si mesmo. Suas idéias sobre certo e errado, a moralidade do mundo que ele percorre e a justiça das opiniões de outras pessoas têm pouco efeito sobre o que sente interiormente. Numa enorme tentativa para ser justo, esta pessoa desenvolve seu próprio e singular conjunto de padrões. Geralmente, estes vêm de experiências pessoais passadas, que aconteceram cedo nesta vida, bem como de outras encarnações, e necessariamente não refletem a consciência de massa tanto quanto a concepção particular do indivíduo a respeito do universo. Ele é muito consciente de diferentes lugares e do quanto estes são parecidos uns com os outros. Ao mesmo tempo, tem consciência de diferentes níveis em sua maneira de pensar. Sendo sempre um estudioso da mente, ele procura experimentar uma riqueza abundante dentro de si mesmo que, espera, irá finalmente igualar as possibilidades que lhe são acessíveis no mundo exterior. Freqüentemente isto lhe traz muita insatisfação, que se manifesta numa inquietação interior. Ele gosta de levar as coisas avante, agarrando a essência de uma idéia e relacionando-a à sua importância ao invés de com os detalhes necessários para colocá-la em prática.

Se bem aspectado, ele pode ser fortemente automotivado, mas tem que se prevenir para não tentar fazer muitas coisas ao mesmo tempo.

Basicamente ele é um espírito livre. E, embora vá se adaptar aos ideais da sociedade que lhe são úteis, luta constantemente para conservar seu senso de individualidade.

Alguns com esta posição possuem grande sabedoria, chegando quase a uma habilidade profética. Calados, a menos que se fale com eles, podem em poucas palavras resumir a essência de extensos projetos minuciosos e complicados, que confundirão os outros numa profusão de trivialidades.

Por mais que o indivíduo seja capaz de ter consciência disto, sua intrínseca honestidade para consigo mesmo é uma de suas características mais importantes. Se mal aspectado, Júpiter Retrógrado pode fazer uma pessoa guardar rancores de encarnações passadas. Nestes casos, um desejo acabado há muito tempo, de acertar as contas, projeta-se outra vez em novas pessoas no presente. Felizmente, esta não é a regra e sim a exceção, pois Júpiter Retrógrado oferece ao indivíduo uma oportunidade para ver a si mesmo através de sua mente superior. Quando ele o faz, alguns de seus auto-envolvimentos pessoais dão lugar a uma compreensão mais impessoal e elevada. O desenvolvimento da riqueza no ser inferior finalmente precede o desejo de obter riquezas no mundo exterior.

JÚPITER RETRÓGRADO
CARMA

O Carma em Júpiter Retrógrado sempre lida com a introspecção através da mente superior. O indivíduo precisa ser capaz de se justificar para si mesmo a fim de sentir que é verdadeiramente merecedor do respeito e da honra que Júpiter promete.

Em alguma encarnação anterior deve ter havido um grande respeito por algum princípio religioso ou espiritual que o indivíduo viu ser desrespeitado. Na vida atual ele se sente até mais determinado a reafirmar em sua mente o valor deste princípio. Ele tem que se prevenir para não julgar os outros, pois vê um mundo exterior vibrando com regras que ele não pode compreender. Contudo, ele deve ter paciência com os outros, se espera que ouçam a expressão de suas verdades interiores.

Em outro nível, existe uma tremenda quantidade de experiências de *déjà-vu* inerente ao Júpiter Retrógrado. Tempos e lugares do passado estão todos misturados num presente contínuo, de tal modo que, a qualquer momento ou em qualquer lugar, o indivíduo generaliza aquele tempo ou lugar para os tempos e lugares semelhantes que ele experimentou. Assim, sua consciência se expande através destas duas dimensões simultaneamente, e, muitas vezes, sem limites. Ele não sabe como restringir sua mente totalmente no interior até um foco perfeito. Pelo contrário, ele absorve de seu meio ambiente os símbolos de seus pensamentos, aprendendo finalmente que qualquer lugar é o lar e qualquer tempo é agora! Quanto mais estes símbolos exteriores representam as verdades que aprendeu numa vida anterior, mais confortável ele fica.

JÚPITER RETRÓGRADO
EM ÁRIES

Aqui o indivíduo está mais confortável na Fase I do Processo Retrógrado, onde a expansibilidade de Júpiter preenche a necessidade por expectativa futura. A dificuldade é que o indivíduo encontra cada nova situação com idéias preconcebidas de como ela será. Como resultado, ele tende a tentar controlar as circunstâncias de sua vida ao invés de fluir com cada nova experiência. Com esta posição há uma grande vontade de experimentar novamente o passado: enquanto o indivíduo acreditar estar indo para o futuro.

Freqüentemente existe um forte senso de auto-integridade que domina a maioria do pensamento. Isto é acompanhado por um grande espírito de liberdade num nível mais instintivo.

O indivíduo está lutando por auto-respeito e tem tendência a julgar quem ele considera de menor valor moral do que ele mesmo. Ele pode se tornar dogmático no que diz respeito à identificação religiosa ou espiritual e algumas vezes comete o erro de classificar os indivíduos de acordo com as filosofias que estes se atribuem.

Ele possui uma inquietação interior que o impede a provar tudo que ainda não experimentou. Ele também pode ser infantilmente ingênuo, não percebendo completamente a situação ou circunstância na qual está se jogando. Quando ele vê o quadro completo, freqüentemente tem que recuar. Este tipo de comportamento é extremamente difícil no casamento pois oferece pouca estabilidade ao companheiro.

Carmicamente o indivíduo está aqui para aprender suas próprias verdades pessoais nos níveis mais básicos. Ele está continuando a lição de que ser honesto consigo mesmo é a chave para sua maior segurança.

JÚPITER RETRÓGRADO EM TOURO

Este indivíduo está mais confortável na Fase III do Processo Retrógrado, onde ele pode criticar tudo que acumulou na vida. Ele concentra muita energia provando que está sempre certo. Isto tende a lhe dificultar a adaptação ao modo de pensar de outras pessoas. Ele justifica continuamente seu comportamento e tende a se fixar em suas filosofias enquanto teimosamente se agarra a conceitos passados.

Muitas vezes ele ganha sua vida através de meios que agora são uma arte quase esquecida, tal como funileiro, sapateiro, *gourmet* ou encadernador.

Os outros o vêem como tendo um problema pessoal relacionado às suas expectativas irrealistas da vida. É importante para ele se sentir dominante e ele se ilude de várias maneiras, desde que conserve o sentimento de estar no controle das circunstâncias em seu meio ambiente externo. Assim, ele vive num mundo que internalizou. E, como resultado, ele se ilude pensando que todo o controle sobre si mesmo é realmente seu controle sobre os outros. Ao mesmo tempo, enquanto pensa estar julgando os outros, na verdade está julgando a si mesmo.

Existe muita insatisfação a respeito do mundo material, pois o indivíduo continua pensando que deveria estar fazendo mais com sua vida do que realmente está. Assim, há uma tendência de pesar suas realizações em comparação com as das pessoas à sua volta e isto apenas faz com que fique mais difícil ele se encontrar. Ele alivia seu Carma quando aprende que as maiores verdades vêm a ele das maneiras mais naturais e apenas às vezes, quando não está tentando impressionar os outros ou se esforçando para isto.

JÚPITER RETRÓGRADO
EM GÊMEOS

Esta é uma das posições mais difíceis para Júpiter Retrógrado, pois o indivíduo está sendo ensinado a unificar sua mente superior e inferior depois de vidas de conflito entre as duas. Ele está acostumado a basear suas filosofias de vida nas idéias de outras pessoas. Assim, aprendeu a se tornar inconscientemente afastado de sua própria verdade enquanto seus valores e idéias filosóficas tornam-se influenciados pelos que o cercam.

Ele absorve idéias de um indivíduo após outro sem compreender totalmente o que é verdade para si mesmo. Experimentando inquietação durante a Fase III do Processo Retrógrado, onde ele está assimilando as verdades dos outros, ele fica ansioso para partilhar toda informação que aprendeu para aqueles que vai conhecer.

Durante a Fase I distribui muita informação juntamente com informações falsas, porque ele não tem calma para separá-las para si mesmo.

Ele precisa aprender nesta vida a focalizar suas idéias e gostos e a observar como os outros os utilizam. Freqüentemente ele é um observador das vidas alheias que fluem através dele. Isto provoca frustração, até que aprenda a se fixar numa perspectiva prática da vida, distinguindo quais as verdades expressadas pelos outros que deveria adotar e quais deveria desprezar como não sendo apropriadas. Mais do que tudo, ele precisa aprender a não forçar os outros a pensarem como ele, pois seu maior problema é a tendência a acreditar que suas atitudes funcionam melhor para os que ele pensa que precisa ensinar.

JÚPITER RETRÓGRADO
EM CÂNCER

Aqui o indivíduo está mais à vontade na Fase III do Processo Retrógrado, na qual ele continua tentando reexpandir as qualidades infantis do seu passado. Ele passa pela vida com uma espécie de inocência, acreditando ser inexperiente. Assim, ele tem muita dificuldade durante sua vida adulta, pois viver no presente tende a arrancá-lo de um período de tempo que talvez tenha representado mais liberdade do que sua realidade atual. Seu conceito de verdade sempre foi mais emocional do que mental. E, como resultado, ele não reage bem à razão, mas, pelo contrário, tenta desenvolver todo seu conhecimento a partir de suas emoções. Isto tende a reenfatizar suas qualidades infantis.

Durante a vida adulta, há uma tendência a restringir as qualidades expansivas de Júpiter dentro dos limites de experiências passadas. Enquanto as energias do planeta tentam se expandir, o indivíduo sente a necessidade Canceriana de se fechar. Entretanto, o movimento Retrógrado de Júpiter empurra este conflito não somente para dentro como também para trás, para o passado. Assim, a pessoa passa por um conflito emocional e mental ao mesmo tempo. Suas lembranças freqüentemente são exageradas, pois ele tenta corrigir todas as situações passadas nas quais ele não se expressou totalmente. E tende a repetir suas experiências, como se apenas pela repetição ele se tornasse mais confiante na correção da maneira como se conduziu no passado.

Todo seu conhecimento de vida passada em sua mente superior está sendo testado agora, enquanto lhe é pedido que viva este conhecimento em seu nível emocional. Assim, ele precisa aprender a acreditar sinceramente e a agir de acordo com suas próprias verdades.

JÚPITER RETRÓGRADO EM LEÃO

Aqui a Fase I representa a experiência mais confortável, pois o indivíduo pode incutir nos outros seu entusiasmo pela vida. Ao mesmo tempo, há uma tendência a ficar no auto-orgulho de tentar viver uma vida moralista.

Ele pode ser rude com os outros, muitas vezes interrompendo seus padrões de pensamento, desejando que o escutem. Este é o tipo de indivíduo que acredita poder ensinar a todos como viver. Ele gosta de acreditar que é nobre e que pode ter realmente vivido uma vida anterior, na qual desenvolveu esta característica, por defender alguma idéia ou princípio poderoso.

Ele gosta de sentir que tudo o que faz na vida simboliza o progresso. Como tal, ele continua se expandindo para aumentar a quantidade de tudo que pensa valer a pena. Sente-se atraído por tudo que pareça trazer uma recompensa. Sendo muito independente não aceita muito bem os conselhos dos outros, mas os ouve e algum dia, no futuro, perceberá as verdades que lhe foram ditas.

Um de seus pontos fracos é a pressa com que tira conclusões durante a Fase I, embora tenha que reavaliar seus julgamentos somente mais tarde. Isto acontece porque a natureza pessoal de Leão freqüentemente bloqueia o conhecimento impessoal da mente superior de Júpiter. Esta pessoa pode estar menos em contato com sua verdadeira natureza do que pensa. Suas filosofias e sua visão da vida tendem a ser diferentes das dos que estão à sua volta e para ele é importante aprender que as coisas podem ser diferentes sem serem avaliadas como melhores ou piores. Quando o "ego" aumentado que tão freqüentemente acompanha esta posição começa a diminuir, o indivíduo é capaz de experimentar uma das mais belas visões cósmicas do universo.

JÚPITER RETRÓGRADO EM VIRGEM

Com esta posição, um dos problemas mais difíceis com o qual o indivíduo tem que lidar é a falta de perspectiva. Muitos hipocondríacos têm Júpiter Retrógrado em Virgem. Existe um conflito entre o conhecimento íntimo da mente superior, adquirido em vidas anteriores, e as experiências da vida atual da realidade mundana. Ele tende a se fechar para não ver a imagem completa. Assim, ele enxerga partes do todo e chama de "todo" as partes que vê.

Nos relacionamentos com os outros ele é antes um escapista da intimidade do que aquele que busca o calor Jupiteriano. Seu idealismo é tão alto que é impossível para as pessoas viverem de acordo com as expectativas que ele tem a respeito delas. Ele passa pela vida com muitos ideais específicos que formam a cristalização abstrata do que ele está procurando. Como resultado, tende a ser rigoroso consigo mesmo, bem como com os outros. Freqüentemente considerando-se acima dos aspectos mais básicos da vida, ele desenvolve um ego espiritual aumentado. Pela pureza de seus ideais ele chega a acreditar interiormente que pode ser espiritualmente superior aos outros. É aí que cai numa armadilha, lutando contra suas necessidades e se isolando das realidades de sua existência.

Em encarnações passadas ele manobrou a si mesmo na construção de sistemas de crenças irrealistas com os quais tenta viver de acordo, agora. Ele alcançará a satisfação quando parar de tentar ser um símbolo para tudo que pensa que a humanidade espera de si mesma.

JÚPITER RETRÓGRADO EM LIBRA

Aqui o indivíduo se move entre as três Fases Retrógradas de acordo com as pessoas com quem está e as idéias com as quais é confrontado. Os conceitos de beleza e justiça foram tão congenitamente estabelecidos em encarnações anteriores que nem sempre expressa o que sente, se pensar que pode ferir outra pessoa. Se usada negativamente, esta posição pode estar trazendo hostilidade de uma vida anterior. Em muitos casos a identidade da mente superior não pertence verdadeiramente ao indivíduo, mas é um conjunto de idéias de todos que conheceu em seu passado. Quando se torna realmente consciente, ele perceberá que está representando os problemas das pessoas, esforçando-se muito ao procurar realizações que o ajudarão a resolver uma mistura de conflitos que, para começar, não eram seus.

Quando ele percebe isto, é capaz de desprender-se de tudo que anteriormente o incomodou. Então, ele começa a aprender que muito da inquietação que estava sentindo não era sua, mas, sim, os desejos de outros, de que ele resolvesse seus problemas. Quando confrontar seu próprio "ego" pessoal, aprenderá por que não apenas aceitou estes desejos, como realmente os atraiu.

Além disso, ele gosta de se colocar no lugar de outra pessoa para que, de tal ponto vantajoso, possa desenvolver uma visão mais equilibrada das coisas. Mas, quanto mais o faz, menos sabe o que realmente defende. Ele está prosseguindo num Carma de aprender a equilibrar sua mente superior ao invés de vacilar entre pontos de vista. Ele alcançará sua maior alegria quando for capaz de centralizar sua perspectiva a respeito da vida.

JÚPITER RETRÓGRADO EM ESCORPIÃO

Aqui muito tempo é gasto na Fase I do Processo Retrógrado, pois o indivíduo tenta projetar, para os outros, o que acredita ser a verdade. Entretanto, este é o signo no qual a pessoa também está consciente de que o que se convenceu ser a verdade não é, de modo algum, a sua verdade. Assim, ele pode projetar o que superficialmente acredita ser adequadamente completo, embora ao mesmo tempo saiba que está experimentando uma compreensão mais profunda em outro nível.

Ele traz a esta vida memórias de lutas pela honra e, enquanto vive seu Carma, ele se torna, nesta área, um teste para outras pessoas. Ele pode revelar o pior e o melhor em si mesmo e nos outros ao mesmo tempo. Isto faz com que seja um paradoxo singular, pois ele é alternadamente compreendido e mal compreendido, respeitado e degradado, amado e desprezado, por tudo que representa para outras pessoas. Sua vida é de constante transformação, pois cada dia simboliza novas oportunidades para lutar, o que o ajuda a ficar acima do ser inferior que ele agora vê, mas que ainda o prende na vida atual. Sendo muito extremista, ele defende o céu e o inferno ao mesmo tempo. Seus ideais são geralmente muito elevados, mas durante a primeira metade da vida ele tem dificuldade para arrancar sua mente superior para fora do intenso impulso sexual que trouxe consigo para esta vida.

Em qualquer nível, ele não é aquele a ser limitado, pois as profundezas para as quais ele vai geralmente são alcançadas sozinho e freqüentemente é mal compreendido pelos outros. Ele precisa ter sua liberdade para explorar as regiões desconhecidas do universo, que continuam chamando-o.

JÚPITER RETRÓGRADO EM SAGITÁRIO

Aqui o indivíduo gosta da Fase I do Processo Retrógrado. Ele se sente ansioso para experimentar tudo o que o mundo tem a lhe oferecer e acha muito difícil sossegar. Sua mente superior é atraída por milhares de diferentes coisas ao mesmo tempo e ele tenta entender, simultaneamente, cada uma delas de um modo que não o afaste de todas as outras. Quando parece ser superficialmente fútil, ele pode ser profundamente profético, capaz de saber a essência de alguma coisa sem gastar muito tempo falando sobre ela.

Quando esta posição é usada em seu melhor potencial, o indivíduo está trazendo consigo muito do conhecimento universal vivido numa encarnação anterior. Geralmente ele tem um nível de energia elevado e sua inquietação mental faz com que queira espalhar este conhecimento onde quer que vá. Ao mesmo tempo ele tem o hábito de justificar sua própria honestidade e lhe é difícil ouvir conselhos dos outros. Ele não absorve idéias, mas aprende por experiência. Esta posição de Júpiter diminui o impulso sexual e também tende a deixar os relacionamentos num nível mais superficial. De todas as maneiras este é o indivíduo que gosta de pensar por si mesmo e, particularmente, durante a segunda metade da vida, não deseja ser limitado por pensamentos convencionais. Suas idéias a respeito de religião podem ser infinitamente profundas, mas raramente se adaptam às convenções e atividades de qualquer grupo, seita ou igreja. Seu Carma nesta vida é viver por seu próprio conhecimento. Ele precisa aprender a valorizar o que compreende dentro de si mesmo ao invés de testar os valores dos outros contra seus próprios ideais. Se ele se desenvolver, pode verdadeiramente ser um grande professor de todos os que sinceramente procuram a verdade.

JÚPITER RETRÓGRADO EM CAPRICÓRNIO

Aqui o indivíduo experimenta um constante conflito entre as necessidades de Júpiter por expansão, entusiasmo e otimismo e as tendências de Capricórnio para a restrição, sobriedade e discrição. Assim, ele precisa atingir um equilíbrio entre estes dois extremos antes de alcançar a imensa sabedoria de que esta posição é capaz. Ele é muito feliz mais tarde na vida, quando compreende como voltar sua mente superior para valores verdadeiros.

Durante sua juventude ele freqüentemente tenta agir como se fosse mais velho. Embora ele possa ser muito sábio, não lhe dão atenção senão mais tarde na vida. Em tipos negativos, esta posição pode ser muito materialista, especialmente quando outros aspectos do mapa sugerem muitas inseguranças pessoais. Mas quando usada em seu nível mais elevado, pode ser muito espiritual. O indivíduo pode ter forte *insight* religioso que desenvolveu em encarnações anteriores. Além disso, ele tem a habilidade de pesar as coisas até que finalmente elas são ponderadas a partir de uma perspectiva centrada. Em sua vida de ação, entretanto, ele experimenta uma vibração muito forte que o detém e o impulsiona e que nem sempre lhe permite fazer todas as coisas de que gostaria. Ele freqüentemente se paralisa por considerar as coisas a um ponto em que está usando mais espaço do que realmente precisa. Neste sentido ele pode exagerar muito a importância das coisas por ver muito da vida como princípios sustentadores ou anuladores que ele acredita defender.

A Fase III do Processo Retrógrado é ressaltada aqui, pois o indivíduo está vivendo um Carma de aperfeiçoar a compreensão de si mesmo e do mundo à sua volta.

JÚPITER RETRÓGRADO
EM AQUÁRIO

Aqui o indivíduo está mais confortável na Fase I, na qual está ansioso para experimentar o futuro. Ele quer saber tudo o que a sociedade tradicional ainda não explorou. Esta é uma posição muito agitada para Júpiter Retrógrado, pois o indivíduo é atraído para todos os diferentes caminhos que estão à sua frente, ao mesmo tempo. Ele é um idealista e uma pessoa que busca caminhos. Embora às vezes seja excessivamente zeloso, ele pode ser um grande colaborador para a evolução da humanidade.

Esta é uma posição ruim para o casamento, pois a pessoa acredita que precisa de sua liberdade para que sua mente superior possa atuar em seu melhor potencial. O que ele realmente precisa é de liberdade mental, mais do que física. E o impulso em direção a esta liberdade não vem de situações da vida atual, mas sim do seu instinto de vida passada de transcender fronteiras mentais e espirituais. Ele gosta de viver uma vida de entusiasmo e, ao mesmo tempo em que deseja ajudar a todos, ele afastará qualquer um que deprima seu espírito. Para esta pessoa é difícil voltar sua vida para uma única direção. Ele está mais confortável se movendo aqui e ali, com um objetivo variável. Seu Carma é utilizar sua sabedoria passada em experiências futuras. Para isto, ele viajará muito e encontrará novas pessoas de todas as posições sociais, através das quais pode repartir e expressar ser conhecimento. A natureza Retrógrada do planeta faz disto mais um processo de doar do que de receber, pois ele se permite muito menos receber do que deseja dar para os outros. Algumas pessoas com esta posição têm claustrofobia, pois tentam a todo custo conservar suas vidas livres de tudo que signifique laços.

No lado positivo, esta é uma das melhores posições para a busca do conhecimento superior.

JÚPITER RETRÓGRADO EM PEIXES

Aqui o indivíduo passa a maior parte de seu tempo na Fase III tentando absorver a sua verdade, do mundo à sua volta. Ele pode ser profundamente espiritual e místico, mas nem sempre diz o que sabe. Sente-se inclinado a gastar muito tempo classificando o mistério da vida, que ele percebe. Ele acha as pessoas difíceis de compreender. Numa encarnação passada talvez tenha estudado uma religião ou filosofia, pois, embora não possa explicar como sabe tudo que sabe, tem um profundo senso instintivo do verdadeiro significado da vida. Entretanto, com tudo que sente, ele ainda experimenta conflitos entre sua harmonia cósmica e sua habilidade em se integrar com o resto da sociedade. Ele pode ser muito criativo se lhe for permitido fazer as coisas à sua maneira. Um de seus maiores problemas é aprender a parar de duvidar de si mesmo. Estudos do Misticismo Oriental, que comprovam o senso de não-envolvimento que ele sente, podem ajudá-lo a acreditar mais em si mesmo.

Ele está vivendo um Carma contínuo de aprender a não duvidar de si mesmo. Através do uso de sua mente superior, ele pode evitar todos os possíveis complicados detalhes que podem afastá-lo da essência de sua verdade.

Ele não gosta de julgar pessoas ou condições, pois sabe que nada do que pensa é realmente uma conclusão, mas simplesmente um caminho para outra idéia. A dificuldade aqui é que ele tende a não ter discriminação e lhe é difícil manter sua vida e as pessoas que fazem parte dela organizadas em sua mente. Sendo seu propósito mais universal do que pessoal, ele precisa de pessoas práticas e racionais em sua vida que ajam como estabilizadores.

JÚPITER RETRÓGRADO
NA PRIMEIRA CASA

Aqui o indivíduo gasta muito de seu tempo na Fase I do Processo Retrógrado, ansioso para experimentar o futuro através de sua própria individualidade. Ele é muito competitivo, especialmente consigo mesmo, pois é idealista e não se sente confortável decidindo-se por menos do que acredita poder alcançar na vida. Ele quer ser reconhecido por seu progresso. Existe um conflito natural nesta posição, pois o resíduo de vida passada de Júpiter Retrógrado impulsiona o indivíduo para muitas atividades ao mesmo tempo, enquanto a verdadeira natureza de Áries preferiria começar uma coisa de cada vez. Contudo, a combinação de planeta e casa dá ao indivíduo um alto nível de entusiasmo para novos começos. Às vezes ele tende a se expandir demais e pode saltar antes de olhar. Isto o torna um desbravador inato, mas que nem sempre está pisando em terreno seguro. Ele se move rapidamente pela vida e não gosta de desperdiçar energia.

Nesta vida, ele deve continuar ampliando seu autoconhecimento através da mente superior, mas não deve designar-se como alguém que senta e julga os outros. Ele sabe muito a respeito de viver a *persona*, a máscara social, e pode dar isto a outros, mas deve tentar não repartir seu conhecimento muito superficialmente.

Esta posição torna o indivíduo muito independente e lhe dá um forte senso de seu relacionamento com o universo. Contudo, ele deve trabalhar para manter um razoável senso de proporção para que não faça as coisas maiores do que são.

Carmicamente, ele está continuando uma lição de avaliação da sua verdade, pois esta é uma das posições de Júpiter Retrógrado que o força a viver pessoalmente sua filosofia.

JÚPITER RETRÓGRADO
NA SEGUNDA CASA

Aqui o indivíduo continua tentando restabelecer um senso de riqueza, prestígio e justiça ao qual estava acostumado em encarnações anteriores. A mente superior está concentrada nos sistemas de valores e em muitos casos torna-se absorvida no lado físico da vida e emaranhada em desejo material. Algumas vezes, este é o indivíduo que passa por um Carma de julgar os outros por terem mais do que ele, mas, quando usado construtivamente, isto permite que o indivíduo reajuste seus valores ao verdadeiro significado da vida que sua mente superior conhece. Tudo o que tem a fazer é ensinar sua mente inferior a aceitar seu conhecimento.

Na maioria dos casos ele sente que não está obtendo o suficiente da vida. Algumas vezes ele gostaria de tornar suas as experiências dos outros, e sente dificuldade para saber as verdadeiras diferenças entre seus próprios valores e os valores do mundo exterior que ele tenta internalizar.

Preferindo pensar muito alto, tem a tendência de superestimar suas necessidades. Em alguns casos este indivíduo deseja possuir coisas que deveriam ser livres no mundo. Ele se torna possessivo até da idéia de sua própria liberdade.

Júpiter Retrógrado nesta posição prefere experimentar a Fase I, mas a fase na qual o indivíduo passará mais tempo é influenciada pela qualidade do signo na cúspide da Segunda Casa. Se a Segunda Casa for regida por um signo negativo nos elementos de terra ou água, existe uma forte probabilidade de que o indivíduo será lançado na Fase III, que é menos harmoniosa com as qualidades expansivas de Júpiter. Se a Segunda Casa for regida por um signo positivo e nos elementos de fogo ou ar, então o indivíduo passará a maior parte de seu tempo na Fase I. É durante esta fase que o indivíduo tenta imprimir seus valores no mundo, enquanto durante a Fase III ele leva os valores do mundo para si mesmo. Em ambos os casos ele está agora vivendo os valores de suas atitudes de vida passada.

JÚPITER RETRÓGRADO
NA TERCEIRA CASA

Esta é a posição mais difícil para Júpiter Retrógrado, pois as idéias de vida passada do indivíduo a respeito do universo ao qual estava acostumado, agora estão afetando seus relacionamentos cotidianos. Ele é apanhado entre a oscilação de tentar viver os ideais que desenvolveu no passado e de sacrificar o que sabe para ajustar-se melhor com os que estão à sua volta. Às vezes ele pode ser excessivamente grosseiro, pois o tato (insinceridade) é estranho à sua natureza. Ele tende a ser brusco com as pessoas, gostando de percorrer uma grande distância num período curto de tempo, ainda que ele mesmo possa ser muito tagarela. Passando a maior parte de seu tempo na Fase I do Processo Retrógrado, ele não está sempre verdadeiramente consciente das pessoas com quem está falando. Ele dá mais conselhos do que os ouve de outros, e, enquanto muitas pessoas se infiltram em sua vida, ele não se prende a nenhuma delas. Ele é tão invulgarmente inquieto que tende a repartir suas próprias energias mentais enquanto silenciosamente julga os outros por fazerem a mesma coisa.

Ele viaja muito e quando não está se movendo de um lado para o outro fisicamente, ele o faz mentalmente. A maior dificuldade com esta posição é desenvolver a habilidade para viver no mundo humano cheio de aparentes dualidades e hipocrisias. Assim, ele tem que tomar cuidado para não desenvolver uma atitude crítica com os outros.

Num indivíduo muito evoluído existe a capacidade de dizer muito em poucas palavras, enquanto que, nas pessoas que estão vivendo um Carma mais simples, parece haver em seus padrões de linguagem um efeito semelhante a um disco quebrado. Ambos estão tentando obter uma mensagem através daquelas pessoas em suas vidas que estão presas na mente inferior.

Em encarnações passadas, Júpiter Retrógrado se desenvolveu através do uso da mente superior. Mas agora o indivíduo se frustra quando tenta expressar seu entendimento na linguagem simples que sua mente inferior pode compreender.

JÚPITER RETRÓGRADO NA QUARTA CASA

Aqui a expansibilidade de Júpiter choca-se com as qualidades protetoras da Quarta Casa enquanto o indivíduo tenta romper as paredes emocionais que ele continua erguendo. Assim, as qualidades ilimitadas de sua mente superior ficam tolhidas pelas inseguranças de suas lembranças emocionais.

Geralmente existe um período durante a infância onde ele é capaz de brilhar e como resultado ele continua tentando recriar os símbolos deste período na sua vida adulta. Ele depende da apreciação dos outros e, embora nem sempre mostre, há uma forte tendência para ser muito emotivo.

Ele gasta a maior parte de seu tempo na Fase III do Processo Retrógrado olhando para trás, para os momentos mais felizes de seu passado. O indivíduo negativamente orientado tende a se agarrar nas memórias de injustiças passadas. É muito difícil, para ele, ficar livre de seus pensamentos, porque a maioria de seu conhecimento é de natureza puramente pessoal. Às vezes, Júpiter Retrógrado faz o indivíduo dissipar sua energia emocional fazendo com que fique difícil colocar seu trabalho ou carreira numa única direção. Ele pode se tornar tão preocupado em descobrir a verdade a respeito de tudo que ainda não compreende sobre seu passado, que continua olhando para si mesmo muito de perto para poder distinguir a floresta das árvores. Ele precisa da estrutura familiar como base, ainda que tenda a achar várias razões diferentes para explicar por que os que lhe estão próximos impedem seu progresso. Seria bom se ele compreendesse que a maioria das reações exageradas que tem são devidas às atitudes de vida passada que não são mais apropriadas ao seu meio ambiente atual.

Onde quer que vá e o que quer que faça, ele está tentando ganhar elogios das pessoas próximas a ele, que podem ver a razão de suas ações mais claramente do que ele próprio. Ele compreenderá a si mesmo quando perceber por que a necessidade de se refrear é mais forte do que sua necessidade de experimentar o mundo exterior.

JÚPITER RETRÓGRADO NA QUINTA CASA

Aqui o indivíduo passa a maior parte de seu tempo na Fase I do Processo Retrógrado. Ele está atingindo o exterior para expressar as atitudes criativas que desenvolveu numa encarnação passada. Ele vê a vida numa grande escala e os limites da sociedade convencional, como degraus que precisa ultrapassar a qualquer custo. Se o resto do horóscopo for forte, isto aumenta a natureza dominadora.

Nos mapas que têm muitas quadraturas, juntamente com uma ênfase nos signos fixos, Capricórnio ou um Saturno angular, o indivíduo tende a ser desatento aos conselhos dos outros. Ele tende a invadir o espaço psíquico das outras pessoas sem percebê-lo. Suas próprias metas são muito elevadas, mas freqüentemente ele superestima sua habilidade para realizá-las. Às vezes ele pode esperar muito das crianças, porque através delas ele difunde as idéias que não é capaz de executar. Ele vive numa atitude de "não me detenham", pois está se precipitando para frente, a fim de experimentar tudo que a vida tem a oferecer. Ao mesmo tempo, seu intenso senso de orgulho o impede de se desconcertar aos olhos dos outros. Ele preferiria se atirar de uma experiência criativa para outra do que as pessoas cuja estima ele deseja pensarem que está errado. Ele vive pelo princípio de que, se puder passar por uma tempestade suficientemente rápido, não se molhará.

Esta é uma posição difícil para o casamento e para os relacionamentos de natureza duradoura, pois a verdade mais elevada do indivíduo está sempre mais relacionada à sua própria opinião a respeito de si mesmo do que à avaliação da crítica que possa receber, se permitir que os outros o conheçam muito bem.

Aqui o senso de identidade do indivíduo é baseado na lacuna entre os ideais construídos em encarnações anteriores e tudo que ele cria nesta vida. Assim, ele verdadeiramente é a pessoa que "é o que pensa, tendo se tornado o que pensava" e mais tarde na vida ele conhecerá a si mesmo pelo que criou.

JÚPITER RETRÓGRADO
NA SEXTA CASA

Aqui o indivíduo gasta muita energia personalizando a mente superior para que esta possa resolver os problemas com os quais precisa lidar na vida. Ele se envolve excessivamente, começando muitos projetos que talvez não termine, querendo participar de tudo que acontece. Ele se preocupa muito com a justiça em condições de trabalho e sente dificuldade para se relacionar com colegas de trabalho e superiores por tentar constantemente defender o que acredita estar certo. Freqüentemente ele faz tempestades num copo d'água e de todas as possíveis posições de Júpiter Retrógrado esta é a menos capaz de experimentar a habilidade de ver a vida de um ponto de vista cósmico. Enquanto procura a maneira mais fácil de fazer as coisas, ele tende a se distrair por tantos pequenos detalhes que lhe é difícil ficar numa única trajetória. Aqui a mente superior está muito sensível aos pensamentos inferiores dos outros. O indivíduo pode se dispersar por prestar atenção a todos os detalhes do mundo exterior que suas opiniões preconcebidas lhe mostram. Esta é a pessoa que pensa saber como o mundo funciona e, contudo, por pensar assim, ele sempre parece não compreender. O problema é que ele tende a ver seu escasso conhecimento como se fosse a verdade absoluta.

Ele pode ser moralista demais em suas expectativas para com os outros, mas vê as pessoas através das qualidades computadorizadas de sua mente superior, como quebra-cabeças a serem resolvidos, ao invés de compreendê-las e às suas fraquezas humanas. Ele traz consigo para esta vida um Carma de esperar muito de um mundo diferente dos ideais que construiu no passado. Ele alcança a felicidade quando encontra um meio-termo entre estes ideais passados e as realidades práticas com as quais lida no dia-a-dia. De vez em quando, durante esta vida, ele pode passar por dificuldades legais. Isto pode estar relacionado à ênfase que dá a fatos de menor importância. Ele precisa aprender a estabelecer prioridades para que possa libertar as energias de sua mente superior de serem avaliadas por pormenores autocriados e desnecessários.

JÚPITER RETRÓGRADO
NA SÉTIMA CASA

Esta posição de Júpiter Retrógrado faz com que o indivíduo gaste muito tempo olhando para si mesmo como se fosse visto pelos olhos dos outros. Como resultado existe uma tendência a ficar impaciente para agradar os outros; embora ele não esteja sempre certo do que o leva a isto. Ele pode querer abarcar o mundo com as pernas tentando ganhar o respeito daqueles que admira e, contudo, sabe que com estes esforços ele ainda é incapaz de agradar a todo mundo.

Em encarnações passadas ele ensinou a si mesmo a defender o que pensava que os outros admirariam. Agora ele freqüentemente sente que seu senso de liberdade é muito dependente dos ideais das outras pessoas. Ele quase nunca consegue descobrir tudo o que sabe a respeito da vida. As respostas parecem voar enquanto ele tenta ler os pensamentos dos outros para que possa entender suas próprias verdades. Esta pessoa discutirá, mais para defender um princípio que pareça verdadeiro a nível universal do que por sua própria necessidade de vencer. Assim, ele pode se tornar excessivamente dogmático.

Tendendo a dar muita importância às idéias que os outros lhe apresentam, ele constantemente encontra pessoas cujas atitudes filosóficas com respeito à vida são contrárias às suas. Este indivíduo está passando pela lição Cármica de aprender que as diferenças entre o certo e o errado estão somente na mente do espectador.

Quando ele se torna mais ciente disto, começa a alcançar a consciência de ver quão infrutífero é tomar decisões ou avaliar julgamentos para outras pessoas. Se for casado, sente-se atraído por um parceiro que pode bem ser excessivamente dogmático. Logo, em muitos diferentes níveis e ao mesmo tempo, ele está aprendendo a equilibrar a natureza da verdade através das muitas maneiras que ela é expressada de pessoa a pessoa nesta vida.

JÚPITER RETRÓGRADO
NA OITAVA CASA

Com esta posição o indivíduo tem um senso dos valores de outras pessoas muito desenvolvido. Algumas vezes ele tem uma tendência a tentar dar, quando deveria estar recebendo. Ele sente uma grande inquietação sexual. É a quantidade de experiências sexuais o que ele deseja, mas suas necessidades, embora ele possa pensar que são físicas, são decididamente mentais.

Ele gosta de modificar as outras pessoas, e o conhecimento de encarnações passadas levam-no a acreditar que possui a sabedoria para fazê-lo. Ele está interessado em saber como são as pessoas além e atrás de suas máscaras.

Entretanto, ele reluta em mostrar suas verdadeiras cores. Existe um conflito natural nesta posição, pois o desejo de Júpiter por sinceridade choca-se com a necessidade da Oitava Casa por sigilo.

Nos negócios e no comércio, este é um indivíduo que precisa trabalhar por si mesmo. Pode haver fortes tendências mediúnicas juntamente com um desejo de usá-las das maneiras mais nobres. Um dos grandes problemas aqui é que o indivíduo tende ocasionalmente a julgar os outros porque eles não satisfazem as expectativas que ele lhes designou. Ele faz muito este tipo de coisas durante a Fase III, onde sua introspecção tende a ser expressada ao invés de guardada. Sempre questionando a validade do conhecimento das outras pessoas, ele toma uma posição muito firme a respeito do que ele mesmo sabe.

Carmicamente ele está trazendo consigo para esta vida os frutos de um profundo estudo das pessoas e do universo. Mas ele precisa aprender a compreender que as verdades mais profundas que procura agora, somente virão quando ele não as estiver interpretando a nível pessoal.

JÚPITER RETRÓGRADO NA NONA CASA

Aqui Júpiter Retrógrado está em sua casa natural. Como resultado, o indivíduo é capaz de atuar confortavelmente em qualquer uma das três Fases Retrógradas. Ao mesmo tempo, sua vida incomoda os que lhe estão próximos. A Nona Casa é a casa do celibato, e com o instinto natural de Júpiter Retrógrado por liberdade esta se torna uma posição ruim para qualquer tipo de compromisso de natureza duradoura. Existe uma tendência a se afastar das pessoas, pois o indivíduo deseja experimentar mais e mais do seu meio ambiente natural, em lugar da sofisticação necessária para viver de acordo com as expectativas sociais dos outros. Este indivíduo passa por muita dificuldade para colocar o que sabe, em palavras. Ele é capaz de compreender sua mente superior, mas nem sempre acredita ser capaz de transmitir seu conhecimento para outros.

Ele tem muita dificuldade para viver situações e circunstâncias mundanas. Ao lidar com pessoas ele geralmente sabe imediatamente onde vai chegar. Entretanto, ele evitará fazê-lo até que tenha certeza de que a linguagem que usa será aceita pela outra pessoa.

Ele gosta de se mover de um lado para outro e não gosta de perder muito tempo em algum lugar. Como tal, ele é o próprio nômade, vagueando pela vida para testar o conhecimento que adquiriu em experiências de encarnações anteriores em confronto com todas as circunstâncias presentes. Alguns com esta colocação têm uma compreensão a respeito de Deus fortemente desenvolvida, enquanto outros, que pensam que suas Almas são de uma natureza menos religiosa, expressam isto através da explicação de como funciona o mecanismo do universo.

O maior crescimento nesta vida acontece quando o indivíduo compreende que o mundo à sua volta é muito parecido com a Torre de Babel. As pessoas são incapazes de se comunicar umas com as outras porque têm diferentes compreensões conceituais para as palavras mais simples.

Uma pessoa com esta posição de Júpiter compreende que a qualidade da comunicação com os outros é sempre menor do que ele sabe que poderia ser. Ele percebe a interrupção no fluxo constante de pensamento, que é provocada pelas barreiras da linguagem.

Seu Carma é saber, compreender, ensinar onde for preciso, mas nunca impor-se aos que não podem compreender sua sabedoria inata.

JÚPITER RETRÓGRADO NA DÉCIMA CASA

Aqui o indivíduo deseja apresentar ao mundo uma imagem honrada e ao mesmo tempo manter sua total liberdade de pensamento e ação. Ele freqüentemente mudará sua direção ao invés de se esforçar, devido à sua grande necessidade por prudência. Ele vê claramente o conflito entre o que pensa que o mundo espera dele e como gostaria de ser verdadeiramente. Isto faz com que seja uma pessoa extremista vacilando entre muita e pouca auto-afirmação.

Se bem aspectada, esta posição de Júpiter Retrógrado pode criar muita sabedoria que pode ser útil, não apenas para o indivíduo como para todos que encontra.

É interessante notar que, durante a Fase I, a energia planetária precede o padrão de comportamento esperado da casa, de tal modo que o indivíduo é capaz de superar a cautela natural da Décima Casa. Durante a Fase III, entretanto, ele não é capaz disto e se torna muito introspectivo. Mas sua experiência mais difícil é durante a Fase II, onde as energias do planeta e da casa estão lutando entre si. Durante este tempo ele vive um alto grau de frustração chegando quase a uma paralisia nas ações, pois enquanto continua questionando o valor de tudo o que gostaria de fazer, comparando-o com o grande alcance de sua sabedoria, ele continua sentindo o ímpeto da ação pela ação. Assim, ele não está nem agindo, e desejando que estivesse, ou agindo e desejando não estar.

Ele odeia retroceder num terreno que já tenha percorrido, ainda que, às vezes, particularmente com relação à sua carreira, ele precise fazê-lo para recuperar as partes do que deixou inacabado. Ele é impaciente para concluir as coisas e freqüentemente está mais interessado nos resultados finais do que nos passos que o levam para lá. Ele nem sempre vive as mesmas filosofias de que fala, pois em sua maneira de viver ele pode acreditar profundamente que os fins justificam os meios. Embora em sua comunicação com os outros ele não goste de comprometer-se com tal filosofia. Além disso, ele se sente desconfortável se alguém tentar atribuir-lhe qualquer filosofia específica. Ele pode tornar-se defensivo de suas idéias e atitudes pois lutou muito e durante muito tempo para construí-las. Ele gosta de estar no comando e realmente precisa estar, a fim de viver o Carma de defender o que acredita, independente de oposição.

Em alguns casos, toda a vida defende uma atitude ou idéia que vem de alguma notável façanha numa encarnação anterior.

JÚPITER RETRÓGRADO NA DÉCIMA-PRIMEIRA CASA

Aqui a mente superior é estimulada pela necessidade Aquariana por exploração. Durante a Fase I do Processo Retrógrado, o indivíduo está muito curioso a respeito de tudo o que ainda não experimentou. Ele traz do passado uma necessidade de experimentar livremente situações muito diferentes para aumentar sua compreensão da vida. Ele pode estar continuando a procurar uma meta que perseguiu durante vidas. Freqüentemente, há uma tendência a ser displicente com os detalhes da vida. Ele também pode gastar bastante tempo vivendo sonhos. Contudo, ele é idealista e tende a ter uma atitude liberal com respeito à vida.

Muitas vezes suas metas parecem inatingíveis, pois ele tenta pensar além das possibilidades humanas. Isto o torna muito individualista. Ele se torna insatisfeito à idéia de se decidir por menos do que ele sabe ser possível. E tende a se revoltar contra tudo que o sujeite ao pensamento tradicional.

Ele pode conseguir notável respeito em grupos sociais desde que lhe seja permitido fazer as coisas à sua maneira. Ele traz consigo para esta vida o Carma de compreender a verdadeira natureza de seus sonhos. Deste modo ele pode construir uma realidade com objetivos, sabendo as razões de suas metas, esperanças e ambições.

De todas as posições do Zodíaco, ele é o mais voltado à liberdade. Ele não é prático e sente-se infeliz ao aceitar as responsabilidades associadas aos relacionamentos íntimos. Mas, a despeito de tudo isto, sua sede por compreensão é tão grande que ele finalmente se torna um dos poucos indivíduos que alcança a verdade da lei cósmica.

JÚPITER RETRÓGRADO
NA DÉCIMA-SEGUNDA CASA

Aqui o indivíduo gasta muito tempo procurando pela Alma, a fim de alcançar seu "eu" interior. Ele freqüentemente comete o erro de pensar que os outros podem ajudá-lo a se conhecer melhor do que já se conhece. Na verdade, é fácil para ele conhecer seu "eu" interior, mas muitas vezes isto pode ser tão fácil que ele tenta usar os outros planetas no mapa, pensando que precisa procurar algum grande mistério além daquilo que pensa ser capaz de compreender. A riqueza que consegue na vida é construída baseada na certeza íntima de si mesmo, a qual, embora nem sempre pareça se mesclar ao mundo exterior, lhe dá uma compreensão ilimitada de seu "eu" interior. Esta é uma verdadeira posição Cármica para Júpiter, pois o indivíduo finalmente aprenderá a entender a verdade a respeito de suas encarnações passadas, e, assim, a razão para sua vida presente. Ele às vezes é muito severo consigo mesmo e precisa aprender a se julgar com justiça, através de sua mente superior, se quiser estar confortável com sua Alma. Esta posição torna a vida muito introspectiva, pois muito tempo é gasto na Fase III do Processo Retrógrado.

Contudo, uma sabedoria interior, vinda de um guia espiritual oculto, invade todo o estilo de vida, tão logo a pessoa esteja pronta a se aproximar de sua riqueza interior. A maior parte do tempo seu conhecimento está além das palavras que ele encontra para transmitir tudo que sabe. Mas, ele se comunica muito bem a níveis telepáticos.

SATURNO RETRÓGRADO

SATURNO RETRÓGRADO
SÍMBOLO ESOTÉRICO

O símbolo de Saturno é formado pela Cruz e pela Meia-Lua (♄). Aqui, a matéria e o lado da forma da vida precisam estar unidos, com o sincero desejo da Alma de expressar a si mesma. Assim, tudo que o indivíduo faz, ele cristaliza no que está acrescentando à natureza de sua Alma. O valor das coisas é visto pela própria Alma que precisa distinguir entre o que ela quer compartilhar e o que quer evitar. Como o indivíduo olha para a vida através de seu Saturno, ele pode ser sombrio e sério, mas o que está fazendo é refletir sobre a relação entre idéia e forma. Ele se preocupa com sua habilidade de ver quanto de sua Alma ele pode realmente expressar pela matéria. Assim, torna-se importante para ele examinar suas realizações como um reflexo de seu verdadeiro ser interior.

A natureza Retrógrada do planeta faz com que experimente muito deste reflexo, como uma luta interior entre a consciência de seus ideais, a sua praticabilidade e sua habilidade para viver de acordo com eles. Assim, para muitos, Saturno Retrógrado torna-se sua consciência e seu guia, combinando-se como um mediador entre o ser superior perfeito e o quanto ainda precisa aprender para viver aqui na Terra.

SATURNO RETRÓGRADO
PERSONALIDADE

O indivíduo com Saturno Retrógrado leva muito a sério o que tem que completar, seja o que quer que tenha deixado de fazer em seu passado. Ele tende a querer voltar para trás a fim de preencher quaisquer lacunas no que ele precipitadamente considerou como acabado. Como tal, ele tende a ser pensativo e estável; às vezes ele pode parecer muito cauteloso ou muito moderado, mas qualquer restrição de sua parte é inteiramente baseada em sua necessidade de guardar a substância, para um uso intencional. Ele não acredita em desperdício ou em excessos, pois estes ele conheceu em outras vidas. Agora ele é profundamente grato por tudo que aprende ou recebe. Freqüentemente ele se sente numa dívida interior para com Deus, que se manifesta como um poderoso sentimento de gratidão por tudo que vê ao seu redor.

Ele tenta ensinar os outros que são menos instruídos ou experientes. Contudo, fracassa se eles não estiveram em sua vida passada, que foi difícil, e por sua grande luta que agora lhe trouxe seu caminho de volta. Como resultado disto, existe uma maturidade incorporada em Saturno Retrógrado que não poderia ser atingida sem um grande esforço pessoal e sacrifício.

SATURNO RETRÓGRADO
CARMA

Saturno Retrógrado sempre indica a continuação de um Carma de encarnações passadas. Qualquer que seja a lição, o indivíduo é muito vagaroso para concluí-la. Assim, nesta vida ele precisa carregar em sua alma o peso extra de uma vida anterior, para que, quando os dois finalmente se harmonizarem, haja prova suficiente para que ele compreenda totalmente sua verdadeira missão. Muito do que ele faz nesta vida é uma repetição daquilo que seu Saturno já simbolizava. Mas agora ele enfrenta circunstâncias e situações que são ligeiramente diferentes. A ação Retrógrada do planeta pode fazê-lo sentir sua força restritiva, principalmente se ele tentar fugir do peso de sua lição. Mas, se ele fluir com ela, compreendendo que através da paciente liderança que está recebendo ele será lentamente conduzido à identificação com algo mais elevado do que possa ter imaginado e pode verdadeiramente apreciar o funcionamento do lindo universo de Deus através deste planeta.

Saturno é o nosso professor, e, quando aparece Retrógrado, o indivíduo conheceu ensinamentos semelhantes antes desta vida. Enquanto os anos passam existe uma imensa quantidade de sabedoria que flui constantemente de Saturno Retrógrado.

De todos os planetas, é o mais natural e confortável em sua posição Retrógrada, pois oferece ao indivíduo uma espécie de segunda chance para se aperfeiçoar nas relações criadas entre sua alma, as circunstâncias com as quais se defrontou numa encarnação passada, e como estas foram compreendidas. Agora, sob a suave liderança de Saturno, ele é capaz de concretizar tudo que aprendeu no passado.

SATURNO RETRÓGRADO EM ÁRIES

Aqui o indivíduo está trazendo para sua consciência presente tudo que aprendeu a respeito de si mesmo em vidas passadas, pois ele conheceu os caminhos para lidar com a responsabilidade. Como tal, ele tende a ser muito independente e não gosta que os outros vejam nele qualquer fraqueza. Qualquer coisa que lhe seja importante na vida, ele a realiza por si mesmo, pois aprendeu como trabalhar suas idéias harmoniosamente e orienta suas energias para um objetivo. Esta configuração acrescenta poder e força ao horóscopo porque a firmeza interior de Saturno Retrógrado equilibra a ambição Ariana e lhe dá sentido. O indivíduo finalmente se torna uma espécie de pai para si mesmo, enquanto ele mesmo é seu melhor guia através da vida. Quando amadurece, a autoconfiança torna-se forte e a habitual exibição Ariana do "ego" é menos pronunciada. O indivíduo baseia seu senso de autovalor em tudo que construiu dentro de si mesmo no passado. Ao mesmo tempo, numa vida anterior ele foi forçado a se firmar em seus próprios pés quando muito jovem. Como resultado, ele vem para esta vida com um forte senso de quão importante é conhecer o autodesenvolvimento.

Esta posição também tende a dar paciência e consideração ao que, de outro modo, poderia ser uma natureza impulsiva. Ele gastará toda sua vida tentando se tornar seu próprio Mestre.

A Fase I do Processo Retrógrado é ressaltada aqui, pois o indivíduo tenta se projetar num futuro que lhe garantirá sua autoestima. Carmicamente ele está usando a força criada de atitudes de vida passada para ajudá-lo a ter um novo começo nesta vida, através da casa regida por Áries em seu mapa; e serão as idéias, filosofias e julgamentos cristalizados que se estruturaram em seu Saturno Retrógrado que irão finalmente se tornar sua torre de força.

SATURNO RETRÓGRADO EM TOURO

Ele pode ser extraordinariamente ligado a coisas, lugares e idéias que parecem lembrá-lo de tudo com o que estava habituado no passado. Com esta posição a natureza estável de Touro é reforçada enquanto hábitos de vidas se repetem muitas vezes. Às vezes existe uma dificuldade para o indivíduo expressar o que sabe, pois a linguagem não é seu melhor trunfo.

Aqui a Fase III do Processo Retrógrado é fortemente realçada, pois o indivíduo tenta recriar tudo que valoriza, em matéria. Ele está interessado em ser capaz de estruturar sua vida para que finalmente atinja a sensação de que conseguiu sua segurança. Até que saiba disto, ele pode sentir medo de que sua proteção e segurança possam lhe ser tiradas. Assim, ele tem que trabalhar para fazer com que sua sensação interior de bem-estar seja uma parte permanente dele.

O interessante a respeito de Saturno Retrógrado em Touro é que ele dá ao indivíduo a habilidade de realmente inverter qualquer Carma físico negativo que acumulou no passado. Em seu lugar ele pode construir novamente tudo que é significativo para ele. Para fazer isto, ele canaliza muito pensamento na reavaliação de todos seus fardos passados até perceber o quanto sua Alma estava habituada a fazer as coisas da maneira mais difícil.

Até que transcenda sua ultrapassada maneira de encarar a vida, ele pode ser um pensador muito negativo. Como tal, ele pode ter raiva ao pensar como a vida parece ser difícil para ele, enquanto parece ser tão mais fácil para os outros.

SATURNO RETRÓGRADO EM GÊMEOS

Aqui o indivíduo experimenta dificuldade para se comunicar. Ele freqüentemente sabe o que quer dizer, mas não sabe como dizê-lo. Ele está continuando uma lição de vida passada de como se relacionar com os outros. Ao tentar encontrar maneiras de ganhar a aceitação e a aprovação daqueles que deseja agradar, ele acumula uma forma de pensamento cristalizado após outra. Agora, nesta vida, seus menores pensamentos carregam o peso total de todos os pensamentos passados aos quais ele os associou. Assim, é difícil para ele alcançar a verdadeira essência da compreensão que busca, sem examinar minuciosamente todos os pensamentos Saturninos que juntou.

As pessoas com esta posição tendem a se preocupar silenciosamente com os outros. Saturno Retrógrado em Gêmeos acredita ser o guardião dos pensamentos dos outros. Ao mesmo tempo, há muita repetição nos processos de pensamento do próprio indivíduo. Ele procura constantemente estar seguro de si mesmo, mas quanto mais pensamentos reúne, mais duvida do que sabe. Curiosamente, esta dúvida é muito boa para ele, porque faz com que liberte mais facilmente as formas de pensamento que cristalizou no passado.

Assim, sua missão Cármica é na realidade um processo de desaprendizado, através do qual ele pode alcançar novamente o estado simplista de compreender o que uma vez soube, antes de sobrecarregar a si mesmo com o "excesso de bagagem de opiniões ensinadas".*

É durante a Fase I do Processo Retrógrado que ele realmente complica sua vida ao reunir muitos pensamentos. Então, depois de passar por muita preocupação e confusão na Fase II, ele finalmente é capaz de libertar tudo que não tem valor durante a fase final.

SATURNO RETRÓGRADO EM CÂNCER

Aqui o indivíduo gasta a maior parte de seu tempo na Fase III do Processo Retrógrado, na qual ele continua insistindo em emoções que sobrecarregaram seu passado. Ele tende a ser lento para progredir na vida, pois sente que constantemente tem que estar seguro de si mesmo. A necessidade por segurança é grande. Infelizmente, quanto mais energia gasta tentando libertar-se de seus bloqueios emocionais, mais ele realmente recria os próprios bloqueios que o emparedam ainda mais. Para ser livre ele precisa se permitir fluir através dos bloqueios, sem usar força. Há um espaço em toda matéria aparentemente sólida que a água é capaz de atravessar. Em muitos casos, uma forte ligação de vida passada a uma figura que representou proteção e segurança é transferida para um dos pais ou para uma figura de autoridade mais velha nesta vida, pois o indivíduo não compreende conscientemente como pode viver sem um útero protetor. Quando tenta sair de si mesmo não tem certeza se será aceito totalmente pelos outros. Assim, ele tende a encerrar suas emoções, como se para salvá-las para um indivíduo que talvez encontre no futuro e que será o símbolo da segurança passada da qual ele desistiu.

Ele tenta conservar o conceito de familiaridade em sua mente. Mesmo quando viaja, ele tenta identificar cada novo lugar com um passado no qual ele já se sente confortável. Desta maneira ele pode se mover pela vida com o sentimento de que está seguramente enraizado, não importando onde ou com quem esteja.

Por sentir que vive num mundo que parece estar mudando à sua volta, seria melhor se, ao invés de tentar fazer seu presente encaixar no seu passado, ele percebesse e aceitasse interiormente as seguranças passadas que conheceu, para que não tenha que procurá-las continuamente no mundo exterior. Desta maneira ele pode completar seu Carma de nascimento Onipresente.

---

* Zolar: a Enciclopédia do Conhecimento Antigo e Proibido.

SATURNO RETRÓGRADO EM LEÃO

Aqui o indivíduo é confrontado com um Carma de realização. Ele não pode se sentir interiormente valioso, a menos que possa exteriormente produzir tudo que sente que é capaz. É importante para ele se sentir importante para si mesmo bem como para os outros. Ele se esforça para conquistar o controle de tudo que faz. E os obstáculos que sente que precisa superar não são pequenos. Freqüentemente, sofrerá pelos outros, pois ele obtém mais satisfação ao assumir as responsabilidades de outras pessoas. Ao mesmo tempo, ele pode ser dominador e voluntarioso.

Ele está trazendo a esta vida o resíduo Cármico de poder; o período na história da humanidade onde os fins justificam os meios. E é excessivamente preocupado em estar certo aos olhos dos outros. Ele quer ser respeitado e sairá do seu caminho para defender posições ou cruzadas por causas que fazem com que ele pareça estar mais no controle de si mesmo.

Ele é um pai severo e um adversário que deve ser respeitado, pois está sempre mais preocupado com o poder da posição que está defendendo do que na realidade em defender a si mesmo. Para que viva de acordo com as expectativas que tinham a seu respeito no passado, ele tenta assumir as obrigações dos que estão à sua volta.

Assim, ele está vivendo uma vida de responsabilidade assumida, ao invés de uma existência natural. Ele precisa primeiro aprender a encontrar as responsabilidades dentro de si mesmo e não assumi-las para outros.

SATURNO RETRÓGRADO EM VIRGEM

Esta posição mostra uma pessoa que está tentando alcançar seus ideais passados. Ele constantemente investiga dentro de si mesmo para avaliar o quanto sua vida está de acordo com o que ele acha que deveria ser. Embora possa parecer excessivamente preocupado com os detalhes que delineiam a estrutura de sua vida, é finalmente através destes detalhes que ele é capaz de criar o universo caprichosamente arrumado que faz sentido para ele. Ele vê o mundo através de todas suas partes em separado. Então, ele tenta encaixar estas partes em tudo que construiu dentro de si mesmo, no passado. Assim, ele internaliza o que acredita serem as partes certas do mundo exterior, e a partir destas partes ele constrói sua vida estruturada.

Ele pensa que, a fim de conhecer a si mesmo, tem que entender o funcionamento de tudo que entra em contato com sua vida. O principal problema é que, devido à natureza Retrógrada de Saturno, ele inadvertidamente pré-programa sua percepção das coisas para que elas se encaixem em seus conceitos já estabelecidos. Isto o torna muito rígido e tende a diminuir sua mutabilidade de Virgem. No trabalho ele pode ser muito eficiente, particularmente quando sabe que outros estão dependendo dele para conseguir ordem e eficiência.

Carmicamente, este é o indivíduo que é forçado a viver o mundo idealizado que gostaria de ver à sua volta. Uma vez que ele se torne sensível para ver quão irreais são algumas de suas expectativas, ele pode ficar mais confortável com o mundo tal como é. A perfeição que já existe se tornará visível para ele. Devido à observação da vida das outras pessoas, inerente nesta posição, o indivíduo passa pela Fase III do Processo Retrógrado antes que possa ativamente se expressar nas Fases I e II.

SATURNO RETRÓGRADO
EM LIBRA

Nesta posição, Saturno Retrógrado acrescenta uma maturidade interior às qualidades de Libra que, de outra maneira, seriam indecisas. O indivíduo sente uma forte responsabilidade para com os outros. Freqüentemente ele experimenta o Carma dos outros, mais do que eles mesmos. Naturalmente isto pode tirá-lo do equilíbrio. Com o decorrer do tempo seu julgamento será completamente seguro e ele será capaz de firmar-se.

Um pacificador nato, ele freqüentemente é lançado entre pessoas ou idéias opostas. Desta posição, ele tenta trazer harmonia estabelecendo um terceiro ponto estabilizador, que expressa os aspectos positivos de ambos os lados.

Ele possui a habilidade de realmente mudar as direções Cármicas das pessoas com quem tem contato. Como conseqüência de conhecê-lo, elas começam a reavaliar e a pesar proporcionalmente suas próprias crenças passadas e a direção na qual estiveram se movendo. Assim, para muitos, esta posição dá uma oportunidade para examinar objetivamente seus propósitos na vida a fim de que sua validade possa ser reavaliada. Para o indivíduo com Saturno Retrógrado em Libra, a vida é uma sucessão de voltas e viravoltas até que ele compreenda que sua Missão Cármica nesta encarnação não é para si mesmo, mas sim para ajudar os outros a irem para um objetivo mais equilibrado. E isto é feito estabelecendo um exemplo de equilíbrio através da harmonização das aparentes oposições do pensamento, e isto é realizado ao encontrar a unidade intrínseca dos ideais humanos.

Sua adaptabilidade lhe permite mudar de uma Fase Retrógrada para outra, dependendo totalmente da necessidade do momento. Assim, ele é verdadeiramente um dos mais versáteis e valiosos ajudantes de Deus.

SATURNO RETRÓGRADO EM ESCORPIÃO

Aqui o indivíduo conhece o significado da vida em seu nível mais básico. Ele tem um profundo *insight*, cuja maior parte vem de suas próprias experiências pessoais. Vivendo constantemente à beira de destruir a si mesmo, ele continua desperdiçando tudo que consegue, devido à falta de significado profundo que vê basicamente em quase tudo. Ele acredita que atrás do que pode perceber no momento está a realidade que ele sabe existir.

A construção de sua substância ocorre no fundo de seu subconsciente e as momentâneas fascinações da vida não o satisfazem nem um pouco. Ele está sempre consciente de uma realidade cósmica interior, que continua a atraí-lo para seu centro.

No mundo exterior ele é muito rígido em suas atitudes e existem poucas pessoas que podem desviá-lo de qualquer objetivo que ele sinta ter. Ele pode ser um cruzado, tentando transformar a sociedade em que vive, um rebelde contra a tradição ortodoxa, tentando transformar a si mesmo, ou aquele que busca a verdade desejando transformar a humanidade. Tudo depende do nível do Carma com o qual vem a esta vida.

Geralmente esta posição de Saturno é exteriormente uma experiência da Fase I, enquanto interiormente uma experiência da Fase III, age como a tendência oculta que motiva toda ação externa. Assim, as reflexões interiores do indivíduo a respeito do seu lugar na sociedade em que vive, tornam-se o estímulo para os caminhos nos quais ele gostaria de mudá-los.

SATURNO RETRÓGRADO EM SAGITÁRIO

Aqui, a vida é construída em princípios passados. Muito independente, o indivíduo não pode ser guiado pelos conselhos dos outros. Às vezes ele parece excessivamente dogmático, mas a força com que expressa suas idéias aos outros não reflete verdadeiramente sua própria adesão a elas. Qualquer que seja a causa, o princípio ou a missão que ele pareça defender, está constantemente mudando. Ele tende a representar a necessidade do homem de afastar-se de quaisquer tradições que pareçam durar mais do que sua utilidade.

Geralmente a verdadeira natureza do indivíduo não se mostra até a metade da vida, depois que ele tentou os caminhos convencionais de vida e achou-os muitos limitativos. Ele preferiria ser seu próprio disciplinador ao invés de seguir ordens dos outros, que ele sente não saberem realmente o que é melhor para ele.

Em muitos casos, parece ficar mais jovem com a idade. Ele finalmente aprende a não dar importância às coisas que uma vez foram difíceis de suportar. Ele deve ficar atento à tendência de julgar os outros, pois pode alienar-se. De um modo geral, entretanto, ele tenta ser justo em sua avaliação interior a respeito das pessoas.

Ele está vivendo um Carma de aprender a permitir que sua mente superior compreenda e corrija seus erros passados. Mais tarde na vida, ele se vê fazendo tudo que, quando era mais jovem, sabia que iria fazer. Aqui, o efeito para trás do Retrógrado é acentuado, pois o indivíduo está vivendo na Fase III do Processo Retrógrado durante a maior parte de sua vida adulta, depois de descobrir que a Fase II, na qual tentou viver em sua juventude, não parece satisfazê-lo tanto quanto as outras.

SATURNO RETRÓGRADO EM CAPRICÓRNIO

Com esta posição, muito tempo é gasto na Fase III do Processo Retrógrado, pois o indivíduo tenta reconstituir uma imagem passada de si mesmo. Ele está acostumado ao trabalho duro, e vibra com a possibilidade de um dia relembrar os trabalhos e projetos bem feitos. Possuindo a notável habilidade de afastar interferências, ele pode, melhor do que qualquer outra posição zodiacal, dirigir sua vida para um objetivo proveitoso. Esta é a dádiva que o torna capaz de realizar tanto. Ao mesmo tempo, ele trabalha ao contrário, i.é, não começa nada antes de ter noção do resultado final. Isto aumenta sua abordagem prática à vida. Ele pode ser muito reservado e muitas vezes calado, uma vez que seu projeto interior tenta evitar distrações externas, que poderiam, de outra maneira, desviá-lo de sua direção auto-estabelecida. Ele é especialmente bom em captar fragmentos do passado que a sociedade não notou e em fazer destes fragmentos, aparentemente sem utilidade, um grande trabalho de vida; isto porque ele não pode tolerar desperdício.

Carmicamente, ele está vivendo uma missão de realizações, mas o que ele consegue no mundo exterior é bem menos importante do que a quantidade de significado interior que estas realizações lhe trazem. Ele concluirá nesta vida o que quer que tenha acumulado numa encarnação passada. Com a maturidade desta posição, sua Alma agora está pronta para desfrutar vidas de esforços através de um caminho dado. Qualquer casa em que isto apareça, é uma área da vida que ele pode (se quiser) levar à conclusão Cármica.

SATURNO RETRÓGRADO
EM AQUÁRIO

Aqui o indivíduo é muito singular e independente. Ele está interessado em todas as diferentes coisas que a vida tem a oferecer. Suas regras e tradições estão fora das normas convencionais, uma vez que representam o acúmulo de tudo que ele reuniu de tantas fontes radicalmente diferentes. Sua originalidade de idéias, entretanto, é solidamente formada e, embora ele goste de ouvir todas as novas informações que aumentarão seu repertório de conhecimento, ele ainda não muda suas atitudes básicas, que construiu numa encarnação passada. Assim, enquanto tenta alcançar o futuro, ainda mantém uma forte ligação com o passado. No mínimo, ele pode realmente consumir os que estão planejado minuciosamente o futuro, devido à sua constante necessidade de encaixar novas descobertas em conceitos passados.

Devido às qualidades extravagantes de Aquário, ele experimenta todas as Fases Retrógradas. Incrivelmente curioso, ele procura conseguir tanta compreensão de tudo que, na realidade, esgota o frescor de tudo que é novo. Assim, ele torna o não-convencional velho antes do tempo. Quando o faz, ele está, sem saber, forçando a sociedade a aceitar o novo, acrescentando-lhe características de tradição, convencionalismo e, sim, até de tédio. Quanto mais peso ele acrescenta a tudo que é novo por desprezá-lo, mais a sociedade deseja possessivamente protegê-lo.

Assim, sua missão cármica é seguir os precursores do futuro e ser uma ponte entre tudo que eles descobrem e tudo que a humanidade precisa saber e usar agora.

SATURNO RETRÓGRADO
EM PEIXES

Aqui, o indivíduo gasta a maior parte de seu tempo na Fase III do Processo Retrógrado, enquanto continua examinando detalhadamente a essência de seu passado. Ele acha seu fardo na vida mais pesado que o dos outros, e tende a se demorar em mágoas passadas muito tempo depois de tê-las enfrentado e superado. Faltando-lhe confiança, ele tende a desistir muito facilmente. A paciência que precisa para revelar sua criatividade sempre vem da inspiração de outros. Mas, a verdadeira aprovação que precisa é menos dos que estão ao seu redor do que de sua própria realização de seu senso interior de valor. Não sendo uma pessoa de surpreender o mundo, ele é bastante tímido em sua juventude. Quando crescer, entretanto, um poder interior começa a surgir da verdadeira essência de sua Alma.

Parte de sua vida é baseada na realidade de sua existência atual, mas a maior parte de seu ser interior já está formada antes desta vida. Ele realizou e superou muitos dos testes que os outros ainda têm que suportar. Como resultado, a falta de confiança sentida durante a juventude é substituída por um poderoso conhecimento interior e ele fica em contato mais próximo com sua Alma.

Carmicamente, ele está recorrendo à força interior que possui, a fim de lidar com o mundo exterior. Geralmente esta posição significa grande firmeza espiritual e a pessoa não tem que ser agressiva na vida para provar seu próprio valor. Muito da compreensão inerente à esta posição é não-verbal. O indivíduo não fala dos muitos caminhos nos quais ele sabe ser capaz de ajudar aos outros. Ele tem o dom da liderança interior que adquiriu numa vida anterior e esta é a fonte de muito de seu potencial criativo agora.

SATURNO RETRÓGRADO NA PRIMEIRA CASA

Aqui a Fase I do Processo Retrógrado é realçada enquanto o indivíduo tenta encontrar uma estrutura de identidade impressiva e respeitada, com a qual o mundo a seu redor possa vibrar. Ele tenta imprimir sua realidade exteriormente porque deseja um *feedback* quando mais tarde experimentar as outras duas fases. Alguma coisa está faltando na estrutura da personalidade e, como tal, existe uma forte tendência a compensar. Geralmente existe uma série de obstáculos entre o indivíduo e as pessoas com quem gostaria de estar perto.

Uma espécie de atitude não confiante penetra toda a estrutura da identidade devido a alguma situação de vida passada, na qual ele se sentiu excluído ou afastado do que tentou alcançar. Agora, ao invés de encarar isto, ele tenta ser importante para que os outros o reconheçam e talvez se relacionem com ele de uma maneira na qual ele não será magoado. Este indivíduo é muito sensível mesmo que exteriormente não pareça.

Carmicamente ele está aprendendo a ser auto-suficiente e, por este processo ser tão lento, tem muito medo de que qualquer um possa tentar derrubá-lo antes de ter construído seus próprios alicerces. Mais do que tudo, ele gasta toda sua vida construindo um castelo de regras, que finalmente será a estrutura da identidade que quer atingir.

SATURNO RETRÓGRADO NA SEGUNDA CASA

Aqui o indivíduo está aprendendo lições cármicas a respeito de posse. Em vidas anteriores ele tentou cristalizar tudo que, para ele, tinha valor, e agora tenta reaplicar estes valores nas situações atuais. Gastando a maior parte de seu tempo na Fase III do Processo Retrógrado, ele continua reunindo tudo o que lhe ofereceu uma segurança passada. Assim, ele resiste muito a mudanças. Ele tende a observar o mundo de algum lugar no passado, onde uma vez se sentiu confortável. Como tal, ele teimosamente continua materializando tudo que o prende no passado. A verdade é que ele não compreende realmente como seus valores se encaixam no mundo que agora vê à sua volta. Assim, ele percebe uma barreira entre o que sente e o que é capaz de viver, e isto pode, na realidade, aliená-lo de tudo que deseja.

A menos que Vênus esteja extraordinariamente bem colocado, esta posição tende a bloquear a expressão de amor. Toda vez que o indivíduo tenta dar seu amor para outro, ele se pergunta se está ou não preenchendo seus valores. Ele sempre percebe que algo está errado, mas tem dificuldade para indicar com exatidão onde. Geralmente, isto é devido a um sentimento de culpa latente, relacionado à maneira como tratou as pessoas em relação às coisas.

Ele alcançará a felicidade no momento em que perceber claramente quão pouco verdadeiro ele foi consigo mesmo no passado.

SATURNO RETRÓGRADO NA TERCEIRA CASA

Aqui, existe grande dificuldade para se comunicar. O indivíduo não pode facilmente colocar seus pensamentos em palavras, que, ele sabe, os outros entenderão. O problema é que muitas de suas idéias são formuladas em branco e preto e ele não percebe os muitos tons de cinza que existem entre as duas.

Por tentar explicar seus pensamentos para as pessoas, enquanto interiormente acredita que elas não são tão receptivas quanto ele gostaria que fossem, tem grandes dificuldades em todos seus relacionamentos.

Freqüentemente ele impede sua mente consciente de ser sensível aos avisos que vêm de suas partes mais profundas. Como resultado, ele não está totalmente integrado dentro de si mesmo. As partes que ele é capaz de entender conscientemente são em grande parte uma fachada de pensamentos, racionalizações e idéias elaboradas que ele acha socialmente aceitáveis. Nenhuma outra posição de Saturno cristaliza todas as formas de pensamento da vida atual tão fortemente quanto esta.

Existe tanta importância atribuída a cada pensamento, que o indivíduo de fato se sobrecarrega com uma pergunta após outra. O interessante é que ele já tem as respostas pré-programadas. Isto dificulta o processo de aprendizagem, pois o que é procurado é tão-somente o que comprovará o que já tinha sido solidamente construído no seu sistema de crenças. Gastando muito tempo na Fase II do Processo Retrógrado, ele passa por conflitos entre a entrada e a saída de informação. Ele gastou tanto tempo em vidas anteriores, aprendendo a aprender, que na realidade ele se tornou vítima de hábitos que o levam a ter mais informação do que realmente precisa.

Carmicamente ele precisa aprender a desenvolver uma prioridade bem definida de pensamentos, jogando fora tudo que não é importante e aprendendo a expressar melhor o que é significativo.

SATURNO RETRÓGRADO
NA QUARTA CASA

Aqui, grande parte da vida é gasta na Fase III do Processo Retrógrado enquanto o indivíduo continua tentando descobrir o que o está preocupando nas verdadeiras raízes de sua Alma. A despeito das outras coisas que faz, isto o mantém voltado para seu interior quase que o tempo todo.

Existe um conflito Edipiano não resolvido na personalidade, composto por muitos problemas originados na infância. Uma forte insistência de fixações emocionais podem levar o indivíduo a seguir, a maior parte de sua vida, por um curso de sentimentos cristalizados. Por isso, ele tende a trazer muita matéria astral e pode ser um fardo para os outros pelo peso absoluto de seus conflitos emocionais interiores. Mesmo quando obtém respostas para suas perguntas, ele parece não saber usá-las na resolução de seus problemas. Ele tende a se bloquear para não ver os significados profundos das coisas, que, na verdade, o deixariam livre.

Para muitos com esta posição, há uma continuidade de fobias que foram desenvolvidas durante os primeiros anos e que precisam ser superadas se ele quiser transcender as atitudes remanescentes que impedem o autoconhecimento.

De todas as posições de Saturno, esta é uma das mais fortes no que se refere a manter o indivíduo ligado ao seu passado. Ele pode literalmente gastar quarenta anos tentando resolver responsabilidades que sente que lhe foram dadas muito cedo. Em sua própria família, ele continua representando os traumas de sua juventude, mas freqüentemente ele o faz num nível inconsciente, a fim de que os outros dificilmente tenham consciência dos papéis nos quais estão sendo lançados.

Aqui, o Carma é aprender a suportar as emoções dos que lhe são próximos, sem interiorizar ou sentir culpa ou responsabilidade por tudo que aconteceu no passado. Tão logo o indivíduo possa aprender a viver apenas no momento presente, ele perceberá quantas de suas preocupações são irreais.

SATURNO RETRÓGRADO NA QUINTA CASA

Com esta posição, o indivíduo sente uma forte necessidade para superar obstáculos que ele sente nos seus processos criativos. Ele continua sentindo que deveria estar fazendo mais na vida do que está fazendo na realidade, mas tende a adiar muito de sua energia produtiva, até mais tarde na vida. Ele sente uma necessidade de criar alguma coisa de valor duradouro, a fim de ter um sentido de objetivo. Em alguns casos, ele terá que carregar um fardo muito pesado para pagar um débito Cármico a uma criança. Contudo, se puder fazê-lo, isto o ajudará a estabelecer o sentido de objetivo que está procurando.

Ele tende a se colocar numa posição difícil, retardando na realidade qualquer progresso verdadeiro na vida, porque interiormente teme os compromissos. Contudo, não importa o quanto preferiria ser um observador da vida, ele continua a cair numa situação após outra, onde o peso total da responsabilidade é colocado sobre si. Quanto mais procura o prazer, mais se encontra com responsabilidades. Em grande parte, isto é para ensiná-lo o que a vida realmente significa.

Os casos amorosos progridem devagar, pois terá que haver muito amadurecimento antes que um relacionamento possa fluir suavemente. O indivíduo tem muitas dúvidas a respeito de si mesmo quando tem que expressar suas habilidades criativas. Ele não pensa realmente que possa estar à altura dos padrões dos outros. Assim, ele proíbe a si mesmo muito do que realmente precisa. Ele pode mudar as possibilidades que poderia alcançar, em tamanhos obstáculos, que elas se tornam muito distantes de sua vida para que realmente as alcance.

Ele se preocupa muito com os temores infantis de inadequação, que ainda estão agindo em seu inconsciente.

Carmicamente ele precisa aprender a parar de perpetuar medos que bloqueiam seu fluxo criativo. Tão logo o faça, ele não apenas superará muitos de seus obstáculos, como também pode dar uma importante contribuição à humanidade.

SATURNO RETRÓGRADO
NA SEXTA CASA

Aqui o indivíduo sente uma forte responsabilidade com os outros. Se pudesse gostaria de ser capaz de carregar os fardos alheios. No trabalho, pode ser um organizador fantástico, ajustando todas as peças desordenadas com as quais os outros não sabem lidar. Ao mesmo tempo, ele precisa aprender a não se criticar, pois às vezes ele agarra mais coisas do que é capaz de lidar. Sendo mais uma pessoa de ações do que de pensamentos, ele literalmente pode se cansar tentando atender às expectativas dos outros.

Ele gosta de viver com um sentido de objetivo, mas questiona a origem de todas as coisas. Isto é parte de sua luta para descobrir se a vida do homem é predestinada ou se depende dele mesmo.

Ele precisa aprender que, embora esteja envolvido na missão de servir aos outros, não é ele quem decide quais são as necessidades específicas dos que estão ao seu redor. Ele pode ficar tão atolado em trivialidades, tentando satisfazer a todos, que perde de vista o fato de que apenas Deus dá a verdadeira satisfação.

Ele traz consigo para esta vida um senso de dedicação, e para os que necessitam de uma direção, apenas a sua presença já é suficiente para ajudá-los a encontrar suas metas. Ele precisa ser cuidadoso na Fase I do Processo Retrógrado para não tentar impor suas metas aos outros. Trabalhando melhor como empregado, ele pode atuar suavemente na Fase III, onde pode reexaminar os dilemas dos outros e tentar ajudá-los a cristalizar soluções.

SATURNO RETRÓGRADO
NA SÉTIMA CASA

Aqui o Carma do casamento é aprendido em sua totalidade. O indivíduo muitas vezes sente que sua esposa o está retendo. Mesmo que não seja casado, ele sentirá o peso de outros tentando fazê-lo retroceder seus passos a fim de obter uma visão mais equilibrada e madura de si mesmo.

Em alguns casos, esta posição indica um casamento com uma pessoa mais velha, que o indivíduo pode realmente ter conhecido numa encarnação anterior.

As maiores lições se concentram em estabelecer a harmonia com os outros. Ele sabe disto, mas seu "ego" tende a se rebelar quando as coisas ficam difíceis. Entretanto, ele aprendeu, através de encarnações anteriores, que sua verdadeira segurança vem mais dos outros do que de si mesmo. Ele precisa se sentir protegido e como tal, mesmo que freqüentemente possa se queixar que o casamento é tedioso, sabe que existe uma âncora estabilizadora que o afasta do que, de outra maneira, poderia ser um estilo de vida muito agitado para que pudesse viver e aprender com ele.

Carmicamente, esta posição de Saturno Retrógrado dá ao indivíduo a oportunidade não apenas de resolver problemas da infância com o pai ou a mãe dominante, escolhendo para casar um companheiro do mesmo tipo, como também de dividir o desenrolar da vida com outra pessoa, que em muitos casos parece ser o estudante tímido, mas que na realidade se revela o professor. Assim, há muito para ser aprendido desta posição se o indivíduo permitir, a si mesmo, experimentar a Fase III do Processo Retrógrado, através do qual ele pode ser receptivo às idéias que parecem além de seu presente nível de maturidade.

SATURNO RETRÓGRADO NA OITAVA CASA

Com esta posição, existe muita troca Cármica com os outros. O indivíduo tende a viver os valores de outras pessoas, a fim de se transformar através do que os outros acharam ser digno de valor. Como resultado de encarnações passadas, ele ainda não aprendeu um sentido de objetivo para si mesmo. Assim, ele oscila sob a influência de seu companheiro e de outras pessoas na sua vida.

Sexualmente, existem restrições que beiram a impotência, devido ao acúmulo de muitos medos Cármicos. Existe muita preocupação a respeito disto e repetidas experiências de sexualidade quase que para ver se ela está lá. Muitas mulheres com esta posição tiveram experiências sexuais desagradáveis com um homem já adulto, durante seus primeiros anos de infância. Mais tarde, esta é a principal causa de frigidez, culpa e vergonha. Em todos os casos, a natureza sexual está enraizada no passado.

O compromisso com tudo o que for de sólido valor nos outros dá ao indivíduo muita confiança e bom senso no mundo dos negócios, onde sua cautela Saturnina trabalha para seu real proveito.

Para o estudante místico, esta posição de Saturno Retrógrado permite que o indivíduo chame de volta um antigo Carma, a fim de desenvolver um novo *insight* em velhas maneiras de pensar. Assim, ele é capaz de renascer, pois pode se libertar para sempre de velhos sistemas de valores que, na realidade, nunca foram seus, mas aos quais tentou se adaptar no passado.

Desde que muitos dos valores do mundo são a um certo momento altamente dependentes da evolução sexual da raça, esta posição de Saturno na Oitava Casa reflete muito do pensamento do mundo através da própria vida pessoal do indivíduo. Muito tempo é gasto na Fase III do Processo Retrógrado, uma vez que antigas tradições são novamente examinadas em comparação com os atuais padrões da sociedade.

Carmicamente o indivíduo está reexaminando e transformando tudo que a humanidade cristalizou como tradição passada.

SATURNO RETRÓGRADO NA NONA CASA

Aqui Saturno encontra uma casa especial, pois coloca o indivíduo em contato com partes já formadas de sua natureza superior.

Em muitos casos, ele traz para esta vida uma percepção amadurecida de sabedoria, desenvolvida em encarnações passadas. Independente de seu nível de QI, que ele freqüentemente sente não ser o que poderia, ele tem mais sabedoria do que conhecimento. Contudo, a natureza Retrógrada do planeta faz com que, muitas vezes, ele duvide de si mesmo e olhe com mais severidade para seus critérios do que realmente precisaria; mas isto acontece apenas até que aprenda que todos os esforços que gasta tentando achar soluções para os problemas são apenas uma parte do seu aprendizado para parar de pensar. No momento em que o fizer, começa a perceber que a resposta está sempre lá!

Para muitos, esta posição de Saturno significa uma longa viagem espiritual, no fim da qual o indivíduo encontrará o **auto-respeito** perante o seu Deus. Ele começará esta viagem tentando ler todos os livros, assistir a toda conferência e literalmente tentar apoderar-se de todo pensamento superior, na esperança de que, pela simples posse de tanto conhecimento, ele encontrará o que está procurando. No final, a maior parte do que aprende vem através de meios muito mais naturais. Se tentasse a projeção astral, ficaria consciente de que seu corpo astral é bastante pesado e tem a tendência a perturbar os outros, a menos que suas projeções sejam extremamente suaves.

Carmicamente ele é aquele que busca e que está nesta vida prosseguindo com uma missão que iniciou antes. Ele experimenta todas as Fases Retrógradas enquanto continua dando substância às suas crenças filosóficas e espirituais, e, desse modo, transformando sua coleção de opiniões num verdadeiro sentido de conhecimento!

SATURNO RETRÓGRADO NA DÉCIMA CASA

Aqui Saturno está em sua casa natural. O indivíduo gasta muito tempo na Fase III do Processo Retrógrado revendo o prestígio e dignidade que conseguiu no passado. Através disto ele estabelece sua atual opinião a respeito de si mesmo. Como tal, ele está preocupado, particularmente dentro do seu grupo. Muito raramente ele está julgando a si mesmo em função do seu grupo do passado e se está à sua altura agora ou os supera.

Esta é uma posição de dedicação para Saturno Retrógrado. O indivíduo sente um forte senso de responsabilidade e tem que prestar contas a si mesmo por tudo que faz. Assim, ele está profundamente preocupado em ver sua vida como uma espécie de sensível estrutura formativa que seguiu mais ou menos uma trajetória aceitável, desde as origens de suas memórias até o momento presente. Ele tende a ser muito cristalizado a este respeito, e razão e lógica podem frustrá-lo se significarem desviá-lo de seu pré-programado senso de dever para com sua auto-imagem. Este efeito vem dos raros momentos em que ele experimenta muito, em particular a Fase I do Processo Retrógrado.

O único caminho pelo qual ele pode ser dominado é se houver a possibilidade de melhorar sua auto-imagem no futuro, desde que nada que pertença ao seu passado seja destruído neste processo.

Carmicamente ele está tentando estabelecer um sentido de princípio que ele não construiu completamente em vidas passadas e que também não construiu verdadeiramente nesta vida, a não ser em sua carreira, sua imagem pública e seu senso de dever à sociedade.

SATURNO RETRÓGRADO NA DÉCIMA-PRIMEIRA CASA

Esta é a posição do idealista. O indivíduo tem que lidar com a cristalização de seus sonhos, esperanças e metas. Para ele não é suficiente simplesmente sonhar com eles, como fazem os outros. Ele tem que sentir a sensação de que estes se tornam realidade antes de poder se sentir como uma pessoa importante para si mesmo. Como tal, ele tem a difícil tarefa de aprender a combinar sua realidade com o que gostaria que fosse a sua realidade. Freqüentemente isto implica em assumir as responsabilidades dos amigos, uma vez que a própria vida do indivíduo não é na verdade suficientemente ampla para incluir a realidade de todos os seus sonhos. Por esta razão, ele precisa ampliá-la, trazendo para si mesmo os indivíduos cujas vidas simbolizem as partes de seus sonhos que ele não quer ou não é capaz de viver ele mesmo.

As Fases Retrógradas mudam com esta posição de Saturno, dependendo muito das pessoas na vida do indivíduo. Ele é um conselheiro muito bom porque tudo que sugere para os outros é realmente o que ele mesmo faria se estivesse vivendo a vida da outra pessoa. Num sentido, esta posição cria uma espécie de "Carma Espectador", no qual o indivíduo está menos no centro de sua própria vida do que no centro de seu sonho, que bem pode ser muito das vidas de outras pessoas. Assim, não importa quem realmente esteja na sua vida, no final é mais importante o que eles representam do que quem realmente são. Mesmo que ele tente trazer pessoas importantes para si mesmo, este indivíduo está mais preocupado, inconscientemente, com o que e o porquê da reputação deles do que realmente com quem eles são.

SATURNO RETRÓGRADO
NA DÉCIMA-SEGUNDA CASA

A Fase III do Processo Retrógrado é realçada aqui, pois o indivíduo se torna profundamente introspectivo. Sua maior preocupação é que ele desenvolve uma verdade interior que permanece inalterada sob as pressões do mundo ou de seu destino pessoal. Assim, ele está construindo um alicerce dentro de si mesmo, e, como tal, terá que recorrer a conhecimentos que acumulou em encarnações passadas a fim de tornar sólido o seu alicerce. Ele pode sentir uma grande dívida para com os menos afortunados e não há dúvida de que ele mesmo sentiu pessoalmente o peso de Saturno em vidas passadas. Agora, ele vê suas responsabilidades mais como uma dívida cósmica para o universo do que uma dívida pessoal a uma determinada pessoa.

Muitos com esta posição de Saturno se tornam tão excessivamente introspectivos que começam a questionar o valor e a importância de tudo que fazem, e sua identificação com a importância coletiva ou a falta dela no mundo ao redor deles, a qualquer momento, afeta muito suas perspectivas de vida. Mais do que tudo, a lição aqui é ser verdadeiro consigo mesmo, de qualquer ponto de vista possível.

De todas as posições de Saturno esta é a que traz ao indivíduo a maior quantidade de maturidade interior. Seja o que for que o mundo exterior lhe peça, seu sentimento mais forte é a segurança que sente interiormente por ser verdadeiro para seu Deus.

URANO RETRÓGRADO

URANO RETRÓGRADO
SÍMBOLO ESOTÉRICO

O símbolo de Urano (⛢) é formado por duas Meia-Luas da Alma, opostas, unidas através da Cruz da Matéria. Sendo o nômade inconstante dos Céus, Urano sempre foi associado a tudo que simboliza as habilidades inigualáveis do homem para elevar-se acima do mundano. Para que consiga isto, ele precisa, a todo custo, romper costumes, freqüentemente partindo-se ao meio no processo. As Meia-Luas da Alma apontando para direções opostas nos fazem lembrar dos símbolos lunares da Lua Crescente e Minguante; cada uma mostrando um lado diferente da vida, como os dois lados de uma moeda que, embora sejam tão opostas, em natureza, uma não pode existir sem a outra.

A Cruz da Matéria está no centro deste cabo-de-guerra, simbolizando tudo que o homem já tinha estabelecido com seus alicerces tradicionais. Dos braços desta Cruz, as duas Meia-Luas constantemente tracionadas em direções opostas e até então desconhecidas. A natureza da Alma, procurando explorar o desconhecido, força o indivíduo a tomar decisões contínuas entre a estabilidade que já conhece e as possibilidades positivas e negativas de tudo que ainda não experimentou.

Assim, o símbolo de Urano representa menos para a imprevisibilidade do homem do que para sua luta para libertar-se do lado da matéria ou da forma da vida, que dificulta todas as possibilidades existenciais que ele sabe que pode atingir.

Quando o planeta é Retrógrado, tomamos isto como uma cruzada pessoal, sentindo profundamente dentro de nós mesmos uma responsabilidade pelo progresso da humanidade como um todo. Quando o símbolo é invertido, coloca as duas Meia-Luas mais perto da Terra. Assim, para este indivíduo não é suficiente libertar-se. Ele precisa sentir a liberdade de todos em sua vida, antes de se sentir satisfeito com o fato de que a libertação de sua Alma tenha penetrado na matéria de tudo o que vê à sua volta.

URANO RETRÓGRADO
PERSONALIDADE

O indivíduo com Urano Retrógrado apresenta uma personalidade muito singular.

Em seus níveis mais profundos ele é um rebelde contra tudo que o prende. Se for uma pessoa medrosa, talvez tenha claustrofobia. Se for uma pessoa corajosa, tentará derrubar tudo que ache ter durado além de sua utilidade. Ele não pode ficar satisfeito apenas em acompanhar a vida, pois há muitas coisas que vê que podem acrescentar riqueza à humanidade, se apenas a sociedade se libertasse de todas suas falsas âncoras de segurança.

Ele realmente se preocupará se os outros começarem a aceitá-lo muito, pois então ele sente que perdeu uma grande parte de si mesmo. A este respeito, de vez em quando ele perderá muitos amigos e conhecidos, algumas vezes empregos e romances, tudo porque a singularidade de suas idéias freqüentemente é muito difícil de ser aceita pelos outros. E apesar disso, anos mais tarde, quando a sociedade estiver defendendo tudo que uma vez ele defendeu, ele não tem mais interesse em quaisquer teorias ou atitudes avançadas que estava desenvolvendo naquela época. Assim, ele é um precursor do futuro. Por isto, pode experimentar muita solidão, mas nunca desiste da dádiva de sua originalidade em troca da companhia dos outros. Ele sabe que, acima de tudo, sua Alma precisa ser livre. Qualquer coisa que impeça esta liberdade, ele tirará de seu caminho.

Para aqueles que são capazes de compreendê-lo, é uma das pessoas mais fascinantes de se ouvir, pois é literalmente ocupado por todas as idéias que a humanidade precisa para o futuro da raça humana.

URANO RETRÓGRADO
CARMA

A nível pessoal, Urano Retrógrado destrói os relacionamentos humanos. O indivíduo experimenta uma instabilidade interior que freqüentemente o torna hipócrita consigo mesmo. Seus níveis mentais e emocionais muitas vezes brigam entre si a fim de que ele possa saber certas coisas que podem levá-lo na direção que seu conhecimento indica, mas, ao mesmo tempo, ele sente outras coisas que podem levá-lo para uma direção totalmente diferente.

Ele está vivendo um Carma de aprender a expressar a liberdade interior que traz para esta vida. E ele não pode ser limitado por tentar ser sempre razoável com os outros, ou mesmo consigo mesmo. Um espírito livre nem sempre parece ter sentido, nem deve. A verdade é que uma sucessão lógica de bom-senso num indivíduo é uma característica mais Saturnina, limitada pela rigidez da ordem, disciplina e do voltar-se para metas específicas. Mas o indivíduo com Urano Retrógrado não está vivendo tal Carma.

A fim de analisar seu ser interior, assim como muitas outras regiões de compreensão que a humanidade como um todo ainda não atingiu, seu caminho freqüentemente é longo e tortuoso. Ele se atira a um e outro caminho à procura das fórmulas que fazem o mundo funcionar. Contudo, ele sabe que sua busca é um processo sem fim, pois cada nova descoberta leva ainda a uma outra pergunta. Ele pode ser muito feliz desde que os outros não tentem forçá-lo a aceitar modelos de pensamentos e padrões de comportamento que ele já transcendeu, devido aos papéis sem sentido que estes têm em sua percepção do plano global.

Em encarnações anteriores, ele aprendeu a ser independente e agora precisa usar esta independência para redescobrir e compreender a razão pela qual ele originalmente a desejou.

URANO RETRÓGRADO
EM ÁRIES

Aqui o indivíduo gasta muito tempo repetindo mudanças dentro de si mesmo que foram iniciadas em outra encarnação. Ele é altamente individualista, independente e singular. Ele vive pela espontaneidade dentro de si mesmo, tentando ser livre das barreiras que poderiam mantê-lo preso a qualquer espécie de tradição. Ele é muito rebelde contra qualquer coisa que seja excessivamente tradicional, ou muito solidamente construída para permitir que ele a aperfeiçoe. Ele procura emoção e geralmente está pronto para desistir de qualquer segurança que tenha, pela promessa de algum tipo de intensa estimulação que ainda não tenha experimentado. Isto faz com que seja difícil ficar satisfeito por muito tempo, com o casamento, sociedades ou mesmo com empregos ou uma carreira que pode se tornar muito tediosa.

Algumas vezes ele pode se tornar um líder de causas impopulares. No que quer que faça, ele precisa provar a si mesmo que nenhuma pessoa ou idéia (que não seja de sua própria escolha) pode prendê-lo. Ele provavelmente é uma das pessoas mais originais e interessantes no Zodíaco. Gastando muito de seu tempo na Fase I do Processo Retrógrado, é um verdadeiro pioneiro, procurando explorar tudo o que a sociedade está deixando de ver.

Ele facilmente perde a paciência com qualquer coisa ou qualquer pessoa que possa impedir seu movimento para frente. Isto lhe permite se libertar das limitações das opiniões socialmente aceitas. Seu Carma é caminhar onde não existem pegadas à sua frente, criando novos princípios mentais em tudo o que faz. Constantemente ele precisa recorrer a conhecimentos de vida passada para que possa utilizar toda gama de engenhosidade que desenvolveu, a fim de fazer estes novos começos. Embora às vezes possa caminhar tortuosamente, sem ele haveria muito pouco progresso para a humanidade.

URANO RETRÓGRADO EM TOURO

Aqui a Fase III do Processo Retrógrado é ressaltada, pois o indivíduo continua reavaliando tudo que já viveu. A segurança financeira e emocional torna-se instável, mas isto somente faz com que o indivíduo fique mais determinado a estabelecer-se. Ao mesmo tempo, ele experimenta um forte interesse sexual por qualquer um que pareça excitante ou diferente.

Em encarnações passadas ele desenvolveu conflitos cristalizados em seus sistemas de valores e que agora precisam ser destruídos se ele quiser progredir dentro de si mesmo. E enquanto estas suas partes cristalizadas continuam atraindo-o para agarrar a proteção e segurança de seu passado, Urano Retrógrado continua afastando-o de seu ser inferior, mas colocando-o em circunstâncias que o fazem consciente de que muito do seu senso de segurança e bem-estar é construído sobre falsas bases. Assim, ele constantemente se move entre a calma serenidade e a excitante exploração de novas fronteiras que podem ter pouca ou nenhuma promessa de resultados práticos.

De muitas maneiras, esta posição de Urano faz com que o indivíduo queira ter seu bolo e comê-lo também. Ele gosta do casamento, mas ao mesmo tempo acredita ser livre; gosta de trabalhar num emprego seguro, mas se convence que não está preso a ele; gosta de seguir uma religião, mas interiormente pensa que na verdade não tem obrigações para com ela. Assim, ele não é tradicional, num verdadeiro sentido tradicional. Quando confrontado com oportunidades para ser verdadeiramente livre do casamento, trabalho, religião e todas as outras partes da natureza de forma do seu modo de vida, ele rapidamente pula de volta para o útero de segurança que Touro sempre procura.

Carmicamente, esta posição aparece nos mapas de indivíduos cujas Almas estão tentando destruir padrões de pensamentos cristalizados de encarnações anteriores, mas que ainda não estão prontos para desprender-se da importância fundamental que deram ao lado físico da vida.

URANO RETRÓGRADO
EM GÊMEOS

Aqui o indivíduo tem uma vida mental muito ativa. Ele continua indo de uma Fase Retrógrada para outra, enquanto tenta encontrar a identidade que o deixa mais confortável. Sendo extraordinariamente nervoso e excêntrico, é muito influenciado pelo pensamento exterior do mundo. Isto torna difícil ele se prender aos argumentos e projetos de qualquer pessoa, por um período longo de tempo. Ele tem tanto interesse em explorar todas as possibilidades mentais que lhe ocorrem, que sua vida literalmente se torna um *self-service* de idéias e atitudes espalhadas. Não tendo confiança suficiente na singularidade de seus próprios pensamentos, ele tende a se identificar com a originalidade de outros.

Há muita instabilidade com esta posição de Urano Retrógrado. Algumas vezes o indivíduo pode realmente se prejudicar por tentar entender tanto o que está fora da periferia da suposta normalidade, que pode perder sua perspectiva da realidade. Isto acontece como resultado de seu sistema de crenças internalizadas que não apenas o distraem do progresso que pensa que gostaria de fazer, mas que também o afastam de qualquer abordagem real à vida, dirigida a uma meta real. O xis do problema é que ele é inconscientemente muito crédulo.

Percebendo isto, ele deve tomar cuidado com a hipnose ou outras técnicas profundas da mente, que tendem a levá-lo muito rapidamente para níveis do seu ser que ele ainda não está pronto para lidar.

Ele é tão mentalmente ativado que mesmo seu interesse na sexualidade parece ser mais uma exploração da mente do que uma satisfação física ou emocional.

Sendo uma das pessoas mais curiosas do Zodíaco, ele está vivendo o Carma do investigador, que vida após vida não consegue decidir entre qualquer caminho escolhido como sendo o certo para si mesmo.

Agora, ele continua mudando sua direção, impulso e velocidade e assim tenta muitas coisas diferentes, mas nunca realmente se decide por nenhuma. A este respeito, ele conhece pessoas de diferentes ocupações, cada qual representando alguma coisa que ele gostaria de tentar.

Se ele trabalhar na elevação de sua consciência, um dia perceberá que a ginástica mental que usou por eternidades é que o afastou de experimentar a si próprio.

URANO RETRÓGRADO
EM CÂNCER

Aqui o indivíduo experimenta mudanças em sua estrutura familiar. Existe uma constante revolução emocional originada de experiências para as quais não está preparado. Na mulher, esta posição às vezes significa uma criança nascida fora do casamento. Quando surge o assunto de aborto, ela é confrontada com sua necessidade Canceriana por maternidade, chocando-se com a necessidade Uraniana Retrógrada por liberdade pessoal.

Seja homem ou mulher, a constituição emocional desarmoniosa é provocada pelo constante questionamento e análise de tudo, a ponto de o indivíduo nunca permitir verdadeiramente uma vida emocional estável para se desenvolver totalmente.

Gastando muito tempo nas Fases I e III do Processo Retrógrado, ele deseja respostas imediatas para toda sua emoção, mas, em sua procura, ele tende a se mover para além de suas respostas. Ele pode se tornar muito profundo, tentando repetidamente resolver problemas que, na realidade, enfrentou há muitos anos. Sua maior dificuldade é sincronizar-se na dimensão do tempo, onde continua reavaliando seu passado na esperança de que isto poderia gerar um futuro melhor. E ainda assim, por fazê-lo, seu futuro se torna, na realidade, a imagem refletida de seu passado. Existe sempre uma frustração emocional, pois ele tenta se revoltar contra sua família, embora ainda se beneficie de tudo que ela lhe dá.

A lição Cármica aqui é aprender a satisfação emocional. De experiências de encarnações passadas o indivíduo ainda não desenvolveu dentro de si mesmo um verdadeiro senso de gratidão por tudo que lhe foi ofertado.

URANO RETRÓGRADO
EM LEÃO

Aqui o indivíduo experimenta um nível de energia extraordinariamente elevado. Mais confortável na Fase I do Processo Retrógrado, ele é verdadeiramente o líder original de sua vida. Raramente se permite ser guiado pelos outros e quase nunca pede conselhos. Quando usada negativamente, esta pode se tornar uma posição muito intolerante e egocêntrica, pois o indivíduo não gosta que suas idéias sejam questionadas pelos outros. Assim, ele pode viver toda sua vida totalmente fora de órbita, compreendendo mal, escutando cada um de seus amigos, vizinhos e parentes lhe dizendo a mesma coisa, ainda que nunca ouvindo.

Experimentando uma constante agitação entre o singular e o convencional, ele se identificará momento a momento com qualquer coisa que lhe dê o forte sentimento de poder individual. Ele pode se tornar excessivamente agressivo, perdendo o controle de si mesmo sempre que suas idéias são ameaçadas.

Ele é uma pessoa muito difícil de se conviver, pois constantemente testa a lealdade, sinceridade e honra dos que estão ao seu redor. Ao mesmo tempo, ele recusa se adaptar às normas estabelecidas por aqueles que ele vê inconscientemente como sendo de menor valor do que ele mesmo. As pessoas ao seu redor andam na ponta dos pés, com medo de enraivecê-lo, enquanto ele continua seu jogo mental de despedaçar o "ego" de todos, exceto o seu.

Carmicamente, este indivíduo é muito ansioso. Como tal, ele está constantemente insatisfeito com tudo que tem. Mesmo que procure por respostas espirituais, ele fica excessivamente zeloso, muito possessivo e muito orgulhoso de qualquer conhecimento que alcance. A natureza Retrógrada do Planeta inverte sua insatisfação para dentro, ao mesmo tempo em que ele, telepaticamente, num nível inconsciente, despeja o resíduo de sua infelicidade em todos à sua volta. Sua maior área de desarmonia é que a rebelde natureza amorosa independente de Urano Retrógrado precisa ser vivida dentro dos tradicionais limites dos princípios Leoninos. E ninguém pode resolver este dilema para ele, pois, se quiser verdadeiramente alcançar o poder que sabe que pode ter, precisa encontrar sua fonte dentro de si mesmo!

URANO RETRÓGRADO
EM VIRGEM

Aqui o indivíduo experimenta a Fase I do Processo Retrógado enquanto tenta mentalmente organizar tudo dentro de si mesmo, planejando a futura ordem de tudo que vê à sua volta. Sua habilidade para pensar com clareza é fantástica, mas ele tende a tirar conclusões precipitadas. Sabendo como as coisas deveriam ser, ele precisa aprender a paciência para dedicar-se à vida numa maneira disciplinada antes que possa criar o tipo de mundo que percebe.

Ele tende a ir pela vida em grandes reservatórios de energia nervosa. Existe uma espécie de urgência em tudo que faz. Acima de tudo, ele é aquele que faz. O problema é que nem sempre ele se prende às coisas o tempo suficiente para completá-las totalmente, ou para atingir o profundo nível de satisfação que poderia conquistar a partir delas.

Num sentido positivo, esta posição pode dar um toque de gênio ou de clarividência ao horóscopo. O nível de conhecimento é elevado e instantâneo. O *insight* é forte quando vem a ter praticabilidade para os outros. O indivíduo, entretanto, tem mais dificuldade para ver a si mesmo.

Carmicamente, ele traz a esta vida uma profusão de idéias, que precisa aprender a colocar em prática. Ele precisa superar sua tendência de passar constantemente de uma coisa para outra, consumindo todas as alegrias da vida tão rapidamente que na verdade ele se torna exausto quando muito jovem.

Se ele voltar sua consciência para níveis espirituais, descobrirá que é uma das pessoas mais cientes de todo o Zodíaco.

URANO RETRÓGRADO
EM LIBRA

Aqui o indivíduo experimenta todas as três Fases do Processo Retrógrado. Sua vida é muito controlada por todos os desequilíbrios que ele observa nas pessoas ao seu redor. Ele deseja paz, mas na realidade ela o entediaria. Contudo, quando sente muita excitação, ele deseja a paz. Para encontrar o equilíbrio entre estas duas sensações, ele vai de uma pessoa para outra, freqüentemente representando seus Carmas, porque está muito inseguro do seu. As decisões são difíceis e ele preferiria que elas fossem tomadas por ele, ao invés de realmente ter a responsabilidade de direcionar sua própria vida de acordo com sua vontade. Assim, ele pode ser carregado como uma folha ao vento, de acordo com os valores e idéias das pessoas com quem se associa. Ele tenta manter seu próprio senso de independência em meio a tudo isto, o que resulta numa espécie de justiça imparcial para com todos os que conhece. Realmente, fica aborrecido quando as situações ou circunstâncias o forçam a tomar partido em qualquer questão.

Ele é muito hábil em olhar para si mesmo através dos olhos dos outros. Infelizmente, isto não é o mesmo que olhar para si mesmo através dos próprios olhos. Assim, o equilíbrio final que ele atinge é mais baseado no que ele percebe fora de si mesmo do que nas coisas que pode alcançar dentro de si. Sempre apanhado em meio a pessoas de idéias, atitudes e padrões de comportamento diferentes, ele tenta manter seu equilíbrio sem derrubar os valores daqueles que ama.

Ele é o camaleão Cármico do Zodíaco. Gostando de ser útil a todos que precisam dele, realmente não deve ser ligado a quaisquer valores próprios, a não ser estar aqui para dar amor e qualquer conhecimento que tenha aprendido a quem quer que precise dele.

URANO RETRÓGRADO
EM ESCORPIÃO

Aqui Urano Retrógrado encontra uma bela Casa, pois continua iluminando as maiores profundezas da procura do indivíduo por compreensão. Ele nunca fica satisfeito em aceitar qualquer coisa pela sua aparência, pelo contrário, continua cavando para descobrir as raízes de tudo que parece não resolvido. Ele é um gênio quando se trata de pesquisar. Além disso, é altamente psíquico, conhecendo a essência das coisas num instante. Ele tem pouca paciência, mas descobre as coisas tão rapidamente que na realidade não precisa se dedicar por longos períodos de tempo.

Num nível pessoal, ele passa por muitas mudanças sexuais na vida. Durante uma época ele pode estar procurando todo o tipo de excitação que ainda não experimentou, enquanto, durante outra, ele pode se voltar para o total celibato. Em tudo o que faz é um extremista, nunca escolhendo um meio-termo na vida. Seu nível de energia é alto e muito intenso, pois, quando sabe a verdade, não fica disponível para deixar os outros desviá-lo de qualquer curso de ação que tenha escolhido.

Esta pode ser uma posição muito espiritual, especialmente durante a Fase III do Processo Retrógrado, durante a qual o indivíduo pode atingir seu conhecimento do universo dentro de si. Ele não se engana nem vive de ilusões, mas, pelo contrário, tem grande orgulho de ver as coisas da maneira como elas realmente são.

Ele traz a esta vida uma grande habilidade para compreender aquilo que o resto da sociedade nem mesmo sabe existir. Carmicamente, ele está vivendo esta vida com o sentido de desempenhar um papel muito ativo na transformação do mundo em que vive. Ele não é de sentar e lamentar sobre o que vê de errado à sua volta; mas, antes, é um dos líderes na transformação da consciência humana.

URANO RETRÓGRADO
EM SAGITÁRIO

Aqui o indivíduo gasta a maior parte do seu tempo na Fase I do Processo Retrógrado. Ansiando pelo futuro e por horizontes longínquos, ainda fora do seu alcance, ele continua ansiando por tudo que simboliza seja o que for que está além das coisas mundanas da vida. Como tal, ele tem dificuldade para se firmar em sua vida do dia-a-dia prático.

Ele não pode se concentrar em pequenas coisas ou detalhes por muito tempo, pois facilmente se aborrece. Ele precisa de constante estimulação para satisfazer a sede por vida que continua impulsionando-o.

Ele adora viajar, e se não o está fazendo fisicamente, está perambulando mentalmente por todas as regiões desconhecidas que ainda não explorou. Contudo, ele não é necessariamente uma pessoa profunda. Pelo contrário, o que está procurando é objetivo, amplitude e grandeza.

Esta é uma posição bastante difícil para o casamento, uma vez que o indivíduo se sente ameaçado quando é limitado. Ele precisa de espaço para explorar todas as possibilidades que encontra em sua mente superior, e toda ligação com uma pessoa lhe negaria as vantagens de superficialmente experimentar muitas outras.

Esta mesma atitude persiste na maior parte das áreas em sua vida. Seguir uma religião violaria a necessidade Uraniana de ser justo com as outras, aliado ao impulso Sagitariano de experimentar a todas. Ele muda de carreira pela mesma razão.

Enquanto tudo isto parece significar que ele é uma pessoa muito dispersa com respeito aos valores de outras pessoas, ele vê tudo como a satisfação de sua insaciável curiosidade para experimentar tudo que há na vida. E, quando lhe é permitido seguir suas inúmeras direções (que nem sempre parecem ter relação entre si) ele é capaz de manter um nível muito elevado de entusiasmo.

Isto lhe permite ser uma espécie de mensageiro Cármico, trazendo para todos os que encontra o fragmento de vida que eles necessitam no momento. Assim, enquanto ele está aproveitando cada nova descoberta, ele realmente é aquele que espalha sementes que outros cuidarão, nutrirão e ajudarão a amadurecer naquilo que se tornará a consciência futura do homem.

URANO RETRÓGRADO
NA PRIMEIRA CASA

Esta é a posição mais individualista para Urano Retrógrado. O indivíduo tem pouco interesse nas regras ou tradições da sociedade em que vive. Ele se identifica com tudo o que é novo e único e sairá do seu caminho para se rebelar contra qualquer coisa que o prenda ou que o faça parecer igual aos outros. Ele está lutando para estabelecer seu próprio senso de singularidade para que possa diferenciar sua própria identidade pessoal da infinidade de identidades que vê ao seu redor. Isto geralmente é expressado na Fase I do Processo Retrógrado, na qual o indivíduo experimenta um grande medo de esperar que os outros o puxem para dentro de suas realidades. Ele tenta se expressar o tempo todo tão rápida e espontaneamente quanto possa.

Esta é uma posição muito insatisfatória para o casamento, visto que a natureza do indivíduo é muito imprevisível, pois ele tenta romper as ligações com a sociedade convencional. Existe uma constante mudança até que a pessoa compreenda que seu verdadeiro objetivo é não dedicar sua vida a qualquer princípio ou curso de ação que possa sufocar seu espírito de aventura. Indiscutivelmente ele gasta uma outra vida aprendendo como explorar as vastas regiões de possibilidades existenciais que permitem ao homem seguir sua insaciável curiosidade. Agora ele continua a fazê-lo, mas num mundo que é mais amplo e com mais possibilidades do que experimentou antes. Sendo aquele que busca as coisas, ele sacrificará muitos dos confortos da sociedade tradicional a fim de ser livre para descobrir o que existe logo além dos limites de seus contemporâneos.

URANO RETRÓGRADO
NA SEGUNDA CASA

Aqui o indivíduo experimenta constantes mudanças e oscilações em seus valores. Os princípios que defende não são provenientes de qualquer outra origem específica. Por isto torna-se difícil saber o que ele realmente defende.

Geralmente a Fase I do Processo Retrógrado é ressaltada aqui, mas a natureza do signo pode mudar esta influência. Num signo positivo, o indivíduo está tentando expressar todas as diferenças que existem dentro dele, para que os outros possam experimentar as mesmas coisas. Num signo negativo, este quadro ganha um colorido introspectivo como conseqüência. Assim, um indivíduo está imprimindo sua realidade no universo, enquanto outro está reagindo a um universo de diferenças.

Em ambos os casos, a perspectiva financeira e as ligações do indivíduo são situações agitadas que nunca parecem oferecer a estabilidade que ele gostaria.

Carmicamente, existe um medo do compromisso a ser dominado. Ao invés de se definir por qualquer curso na vida, esta pessoa gosta de experimentar diferentes possibilidades variadas que um dia possa se atribuir — depois de ter provado de tudo! Ele é um explorador de ideais, valores e das razões ou objetivos pelos quais a maioria das pessoas vive. Infelizmente ele não quer se juntar a nada que descobre. Assim, ele pode ser de grande ajuda para outros, enquanto não perceber pessoalmente os verdadeiros valores dentro de si mesmo. Quando aprender a ser impessoal, ele verá a luz do verdadeiro significado da vida. Assim, o compromisso que ele finalmente fará, será baseado naquilo que o universo impessoalmente lhe mostra como sua verdade.

URANO RETRÓGRADO NA TERCEIRA CASA

Esta é uma posição altamente original, ainda que muito rebelde, para Urano Retrógrado. O indivíduo insiste categoricamente em ser diferente da sociedade em que vive. Como tal, suas idéias e princípios continuam mudando junto com seus padrões de comportamento extravagantes. A totalidade de tudo que ele é chega a representar muito do que seu meio ambiente tradicional não é. Ele até mesmo troca as Fases Retrógradas tão freqüentemente que aqui também existe dificuldade para ver qualquer padrão real para seu estilo de vida. Devido a isto, entretanto, ele é um dos mais originais pensadores do Zodíaco. Seu espírito inventivo não tem causa ou objetivos definidos e ele não é impedido pelos limites que tolhem a liberdade dos outros.

Ao mesmo tempo, esta posição provoca dificuldades no bom relacionamento com os outros no trabalho ou nas relações pessoais porque existe tanta insistência para expressar individualidade, não importa quanto custe.

Aprendendo rapidamente, existe uma tendência a passar por cima das coisas. Assim, a abordagem à compreensão é precipitada ao invés de ser profunda. Quando mais velha, esta pessoa sem dúvida voltará novamente para muitas das coisas que antes ela passou muito rápido.

Carmicamente esta posição dá um toque de gênio e/ou de loucura ao resto do horóscopo. O indivíduo gasta toda sua vida aprendendo a aprender, e embora suas fontes possam ser uma miscelânea de muitos indivíduos diferentes, frases de muitos livros (ou textos completos que ele não tem paciência para ler) e um pouco de diferentes experiências, sua vida tem uma enorme riqueza com respeito ao alcance de conhecimento que ele atinge.

URANO RETRÓGRADO NA QUARTA CASA

Nesta posição o indivíduo experimenta forte perturbação emocional. Ele quer se desprender de sua simbólica "herança", seja a religião na qual foi educado, os valores morais ou éticos que lhe ensinaram, ou as personalidades individuais de seus pais. Quanto mais ele concentra seus pensamentos interiores nestas coisas, mais continua vibrando com qualquer que seja o conflito original. Ele procura a individualidade, mas somente dentro da moldura de algum tipo de estrutura familiar ou limites de organização, para provar àqueles que o restringem que ele é verdadeiramente livre. Assim, ele vive a ilusão da liberdade dentro das paredes da prisão que ele próprio criou.

Muito tempo é gasto na introspectiva Fase III do Processo Retrógrado, através da qual ele revê tudo o que já viveu. A nível emocional seu conceito de tempo é muito diferente da realidade cronológica. Mesmo quando ele ocasionalmente experimenta a Fase I, ele sai de sua concha apenas para olhar para trás, para ter certeza de que seu útero ainda o está acompanhando. Carmicamente, ele tem uma grande dúvida pessoal juntamente com momentos de extrema autoconfiança. Enquanto passa pela vida, ele vacila entre uma e outra tentando encontrar o lugar no qual ele espera ficar emocionalmente confortável. Até que esteja bem seguro de onde está este lugar, ele se apega fortemente aos grilhões dos quais diz estar se desligando.

URANO RETRÓGRADO NA QUINTA CASA

Aqui o indivíduo se dedica à criação de um estilo original de vida que lhe permite se harmonizar com o mundo em que vive e ao mesmo tempo se sentir como uma parte singularmente independente dele. Ele tem medo de se sentir preso pela sociedade, e, como tal, tende a precipitar-se, indo para a Fase I do Processo Retrógrado, na qual pode evitar tudo que o faria parece convencional, estabelecendo, primeiro, sua identidade não convencional. Ele é um pensador engenhoso e como tal não encontra dificuldade em seguir as idéias de outros. Suas ligações são únicas e ele prefere viver com outro indivíduo do que ser casado.

Um dos seus grandes talentos é a sua habilidade em excitar os outros com idéias que estavam na beira de suas consciências, mas que eles sentiam serem pouco ortodoxas para explorarem.

Carmicamente ele é uma das Almas mais independentes em todo o Zodíaco, pois não apenas está preocupado com sua própria singularidade pessoal, como também com a originalidade de tudo que cria. Sem dúvida, em alguma vida anterior, ele deve ter experimentado o que parece ter sido forçado num tipo de molde muito diferente do que o que ele sentia dentro de si mesmo. Agora, ele sai de seu caminho para ter certeza que continua sendo ele mesmo, a todo custo.

URANO RETRÓGRADO
NA SEXTA CASA

Aqui o indivíduo pode expressar grandes inovações em sua rotina diária de trabalho. Ele pode fazer as tarefas mais mundanas e descobrir caminhos singularmente interessantes de lidar com elas. Ao mesmo tempo, ele é altamente sensível e isto o torna particularmente aberto a influências no meio ambiente externo, que por sua vez o fazem sentir a necessidade de ser ativo o tempo todo, pois ele pode se tornar internamente agitado.

Não importa o quanto este indivíduo diga que deseja a paz, ele tende a vibrar com tudo que leva a vida, do mundano, para o excitante. Assim, se a paz realmente é a sua intenção, ele tem uma poderosa tendência de frustrar a si mesmo. Uma de suas maiores preocupações é imaginar por que as outras pessoas fazem as coisas da maneira que as fazem. Esta série de pensamentos o leva a constantemente tentar compreender as motivações dos que estão ao seu redor.

Carmicamente ele é um grande inovador no plano físico, encarnações passadas lhe deram uma grande compreensão das relações e dos processos do mundo físico. Independente da fase do Processo Retrógrado em que está a qualquer momento, ele está constantemente procurando compreender, ou esperando usar a sua compreensão, para que possa ser de mais ajuda ao mundo que o cerca. Tudo que ele precisa aprender é como ficar calmo e controlado durante o processo.

URANO RETRÓGRADO
NA SÉTIMA CASA

Este indivíduo está experimentando a necessidade de desenvolver a auto-segurança. Como tal, ele tende a atrair as pessoas em quem acredita poder se apoiar. Mas, por elas serem "Uranianas" em natureza, e não confiáveis, forçam-no a ficar interiormente mais forte. Para Urano Retrógrado, esta posição significa uma colheita de Carma, particularmente no casamento e nos relacionamentos, até que o indivíduo aprenda a ser mais impessoal na definição de suas necessidades. Ele precisa compreender que em vidas passadas ele esperou muito dos outros e que a continuação de tal padrão é irreal, bem como desnecessário.

Freqüentemente, esta posição indica mais de um casamento. Indica também dificuldades para manter um nível de entusiasmo sexual com o sexo oposto. Os relacionamentos tornam-se um caleidoscópio de acontecimentos inesperados que parecem constantemente ruir. Tão logo o indivíduo seja capaz de perceber que a nível de Alma ele é seu próprio parceiro, então pode experimentar um recurso totalmente novo na maneira com que os outros o tratam. A dificuldade antes de se dar tal compreensão é que os outros estão sempre se relacionando com a sua parte Uraniana ou impessoal, quando ele espera que estejam se relacionando com sua parte pessoal. Assim, há uma tremenda quantidade de crescimento forçado da Alma nesta posição, pois o indivíduo está aprendendo, talvez depois de muitas vidas, a finalmente depender de si mesmo.

A Fase Retrógrada que está sendo experimentada mudará constantemente, de acordo com a natureza da pessoa com a qual está relacionada, pois existe um esforço contínuo enquanto o indivíduo tenta sincronizar-se com os outros, até que aprenda que não precisa fazer isto. Ele então desenvolve um conhecimento interior de seus relacionamentos cósmicos com todos com que entra em contato.

URANO RETRÓGRADO
NA OITAVA CASA

Aqui o indivíduo experimenta as mudanças dos valores de outras pessoas. Ligações pessoais com amigos e amantes são difíceis, pois a constante transformação de ideais torna difícil uma segurança firme. Enquanto bastante conhecimento é recebido através do estudo de outros, é difícil para a pessoa agarrar-se àqueles que lhe dão esta informação.

Experiências sexuais incomuns acontecem durante a primeira metade da vida, finalmente servindo como instrumento de ensino para levar o indivíduo a uma consciência sexual mais elevada. Alguns com esta posição passam por encontros sexuais angustiantes, bem como períodos de celibato.

Existe sempre uma grande profundidade de compreensão relacionada a muitas diferentes áreas da vida. Isto torna a pessoa um indivíduo interessante para os outros. Mas ele precisa aprender como expressar suas idéias abertamente e com tato. O Carma aqui é apreciar os valores singularmente independentes dos outros, para que o indivíduo aprenda como dar a eles os espaços físicos que lhes pertencem. Em vidas passadas, ele sem dúvida experimentou períodos nos quais era excessivamente possessivo. Mesmo na vida atual, esta posição iguala esta tendência no resto do horóscopo. As qualidades introspectivas da Oitava Casa, juntamente com algumas das tendências assexuais de Urano Retrógrado, provocam algumas vezes uma existência solitária. Isto permite que a pessoa aprenda muito a respeito de seu próprio senso de prioridades.

As Fases Retrógradas aqui expressas geralmente dependem de outras pessoas na vida, bem como do signo na cúspide da Oitava Casa. Sob outros aspectos, o indivíduo experimenta as tendências da Fase I de Urano Retrógrado juntamente com as qualidades da Fase III na Oitava Casa. Assim, o signo e os fatores externos em sua vida se combinam para fazê-lo vibrar a cada fase em particular, durante um certo momento.

URANO RETRÓGRADO
NA NONA CASA

Aqui o indivíduo passa por uma aventura extremamente singular na consciência. Num nível, ele experimenta a Fase I do Processo Retrógrado durante a qual ele ansiosamente assimila novas filosofias e conhecimento espiritual junto com o desejo de ingerir tudo que puder. Há um esforço para alcançar tudo que tenha valor para seu ser superior. Ao mesmo tempo, num nível bem mais profundo, ele está trazendo para a vida presente uma consciência espiritual desenvolvida há muito tempo. Assim, ele bem pode estar experimentando uma profusão de conhecimento sagrado de dias bíblicos em seu passado e que criam nele um poderoso desejo de trazer tais conhecimentos para o seu presente.

Sua grande consciência da vida parece estar vindo de uma fonte diferente da normal, pois os caminhos nos quais ele se expressa são sempre únicos. Ele tem um grande amor pelas idéias de "Deus", mas não pelas *formas oficiais* de qualquer tradição religiosa específica. Lutando contra as regras, ele sabe quais as regras interiores que lhe farão mais bem.

Algumas vezes ele pode perder sua série de pensamentos conscientes porque está tão interessado em tudo que tem dificuldade para estreitar seu campo de foco. Carmicamente ele está aprendendo a ser independente espiritualmente, filosoficamente, religiosamente e emocionalmente. Ele precisa desenvolver sua compreensão da vida independente do que é socialmente aceitável para o resto do mundo e ser capaz de permanecer no que ele sabe que funciona para si mesmo. Freqüentemente isto o levará a experimentar muita crítica por parte dos seus amigos e companheiros. Em alguns casos isto até mesmo provoca rompimentos em amarras conjugais. Mas, contudo, sua derradeira verdade precisa vir de seu próprio senso de identidade único e não de qualquer necessidade de comprometer o que sabe em benefício de uma aceitação pessoal.

URANO RETRÓGRADO
NA DÉCIMA CASA

Aqui a pessoa procura um sentido interior de identidade que lhe oferece uma singularidade de caráter dentro da estrutura da sociedade em que vive. Ele experimenta o conflito de comprometer sua individualidade a fim de se manter numa posição através da qual possa finalmente expressá-la mais.

Ele pode mudar sua direção muitas vezes, até encontrar aquele nicho especial onde é verdadeiramente capaz de expressar a si mesmo. Esta é uma posição especialmente boa para carreira em publicidade e comunicação de massa através da qual a pessoa pode ter sua versatilidade junto com a segurança que precisa.

Ele precisa de espaço suficiente para seguir seus instintos criativos sem ser forçado pelas pressões da responsabilidade, embora ele lide muito bem com a responsabilidade quando não tem consciência de que está fazendo! Quando lhe permitem viver e trabalhar na base do dia-a-dia, ele o faz melhor do que quando é confrontado com qualquer projeto que envolva um planejamento de longo alcance. Contudo, ele é muito capaz no desenvolvimento de planos de longo alcance, desde que não os veja brigando em seu futuro.

Geralmente, ele gasta muito tempo na Fase III do Processo Retrógrado assimilando as necessidades de seu meio ambiente imediato e a partir disto é capaz de compreender como lidar com tudo que está à sua volta. Ainda assim, existe uma tendência a ser um pouco fora da sincronização do tempo, particularmente porque Urano rege o futuro enquanto as tendências Saturnianas da Décima Casa se relacionam mais às qualidades do passado. Ao harmonizar as duas, este indivíduo tem muito trabalho a fazer para obter uma perspectiva equilibrada no tempo. Ele é muitíssimo inventivo, e geralmente exibe um raro talento na compreensão de como fazer as coisas que ninguém mais à sua volta pode compreender.

Carmicamente ele está aprendendo lições de autodisciplina para que todo o espírito inventivo interior que sente possa ser posto em prática no mundo em que vive no presente. Ele precisa aprender a ser diferente sem derrubar as estruturas que ele finalmente deseja aperfeiçoar.

URANO RETRÓGRADO
NA DÉCIMA-PRIMEIRA CASA

Aqui o indivíduo está experimentando novos conhecimentos nas amizades, metas e ideais. No passado, houve lampejos disto, mas agora ele é capaz de receber a compreensão nos mais profundos níveis de sua consciência interior. Ele é um pensador muito original, pois suas idéias não são limitadas pela realidade mundana da sociedade. Num nível pessoal, entretanto, ele tende a interpretar erradamente as amizades e, finalmente, tem que rever seu significado mudando seus conceitos. Ele atrai pessoas de todas as posições sociais e assim ele próprio se torna extremamente colorido em suas idéias, seus sonhos e seu ponto de vista pessoal.

Ele acha que as pessoas nem sempre reagem da maneira que ele esperava, e isto lhe ensina a respeitar a individualidade dos outros. Ele se torna desprendido e impessoal, mas isto o ajuda a ganhar clareza da posição vantajosa da objetividade.

Enquanto pode se rebelar contra tudo que oprime as pessoas, ele realmente tenta não interferir nos seus fardos Cármicos pessoais. Sendo um cruzado do jogo limpo, raramente toma partido em disputas, pois é suficientemente esclarecido para ver, em primeiro lugar, quão sem sentido geralmente elas são. Quando encontra pessoas que são cegas para si mesmas, ele gostaria de ser capaz de abrir seus olhos para uma consciência mais elevada. Mas, ele nunca forçará os outros a verem as coisas do seu modo. Pelo contrário, ele espera poder ser útil para elas, sabendo que uma das regras deste mundo é que o crescimento de cada homem precisa se manifestar no seu próprio ritmo.

Carmicamente está experimentando um sentido de realidade muito iluminado, conhecido apenas por ele, mas através da Fase I de Processo Retrógrado ele é capaz de projetar sua iluminação para que aqueles que são capazes de ver possam receber *flashes* de um estado elevado de conhecimento impessoal.

URANO RETRÓGRADO
NA DÉCIMA-SEGUNDA CASA

Aqui o indivíduo experimenta a Fase III do Processo Retrógrado, durante o qual ele se aproxima do conhecimento e compreensão que atingiu em vidas anteriores, pois vê a necessidade de usá-las agora. Em alguns indivíduos isto pode significar uma compreensão da Astrologia numa vida anterior. Em outros, onde este não é o caso, Urano Retrógrado simboliza importantes modificações na consciência que acontecem dentro do indivíduo. O potencial para um verdadeiro autocrescimento real é muito grande.

Se as circunstâncias da vida atual do indivíduo e os padrões de comportamento levarem a isto, junto com a confirmação de outras áreas no horóscopo, esta posição de Urano também pode ser indicadora de uma vida passada de alguma forma de anormalidade sexual ou de homossexualidade. Contudo, não importa como funcione em níveis pessoais, esta posição mostra uma engenhosidade interior, que vem através de canais superiores de consciência. Esta pessoa sabe como as coisas funcionam no mundo exterior e, como resultado, nem sempre tem que experimentá-las em ações. Sua mente interior está experimentando tudo, o tempo todo.

Ele é muito adaptável e mudará suas opiniões pois não é possessivo das idéias. Da mesma forma, ele não tenta constantemente harmonizar pensamentos desarmoniosos. Ele possui uma grande habilidade em deixar o Universo como está, e, em retorno, isto lhe permitirá a liberdade interior que precisa. Embora seus valores mutáveis possam às vezes parecer muito excêntricos, ele, entretanto, não é limitado pela forma da tradição que mantém a maior parte da sociedade presa em suas próprias correntes. Contudo, ele tem que viver em sociedade e os aspectos fortes com Saturno lhe permitirão colocar seu conhecimento Uraniano numa interação prática entre seu conhecimento e o mundo ao seu redor.

NETUNO RETRÓGRADO

NETUNO RETRÓGRADO
SÍMBOLO ESOTÉRICO

O símbolo de Netuno (♆) é formado pela Meia-Lua da Alma se elevando da Cruz da Matéria. A linha horizontal da Cruz fica próxima à parte inferior da figura, sugerindo quase uma inversão do símbolo da Cruz, enquanto parece estar se desligando da ascensão da Meia-Lua da Alma. Aqui, a ausência de forma aflora do formado, pois o sincero desejo da Alma se ergue acima da importância secundária da Matéria. Como águas espirituais acima da terra, o símbolo representa o dissolvimento da matéria que não precisa mais ser cristalizada.

É interessante notar que a Cruz invertida revela a matéria se afastando para mundos inferiores. Isto é em grande parte descritivo das qualidades místicas do planeta.

Quando Netuno é Retrógrado, a Cruz aparece verticalmente através do símbolo invertido, e o indivíduo está mais consciente de sua Alma, pois a Meia-Lua da Alma está mais perto do plano terrestre. Neste particular se desenvolve uma poderosa necessidade interior de se aproximar de todas as coisas materiais no mundo, em função de seu significado mais profundo para a Alma. Então, num certo sentido, Netuno Retrógrado pode, na verdade, dar ao indivíduo, a oportunidade de expressar um estágio muito adiantado de evolução, uma vez que o força a viver neste mundo, mas não a pertencer a ele!

NETUNO RETRÓGRADO
PERSONALIDADE

A personalidade do indivíduo com Netuno Retrógrado não é facilmente compreendida pelos outros. Seus motivos não possuem o bom senso que se espera estar na raiz de toda motivação. Pelo contrário, ele vibra com uma música superior, ouvida apenas por ele. Suas percepções não vêm do plano material, mas são uma ligação direta com sua Alma. Assim, ele pode ser altamente espiritual, mas se importa pouco com o lado formado da religião ortodoxa. Ele pode ter um grande amor pela música, mas não pode atribuí-lo a qualquer estrutura definida feita pelo homem. Ele percebe praticamente tudo, mas relaciona suas sensações muito menos à realidade física do que à sua percepção de um universo cósmico. Ele sabe muito mais do que jamais poderia colocar em palavras, pois aqui novamente ele percebe as qualidades limitativas da linguagem como sendo apenas um outro limite formado que pode envolver sua infinita compreensão. Ele é capaz de ver as aparências e ilusões nas quais os outros vivem, e, entretanto, tem que tentar fazer a melhor barganha entre não derrubar seus castelos de areia, enquanto guarda todas as verdades interiores que sabe.

NETUNO RETRÓGRADO
CARMA

O indivíduo com Netuno Retrógrado está vivendo o Carma de aprender a separar o que é real em função de seus ideais, e aquilo que parece preencher seus sonhos. Ele sabe o que precisa, mas tem dificuldade para encontrá-lo no mundo exterior. Vivendo constantemente um sonho após outro, ele freqüentemente acaba fugindo de sombras imaginárias, enquanto persegue fantasias irreais. Contudo, ele precisa encontrar seus ideais no mundo da "não-forma" que tem um forte domínio sobre ele. Algumas vezes comete o engano de projetar sonhos passados em situações presentes. Isto não lhe permite ver com clareza a realidade do presente. Ele é altamente intuitivo, e, através das diferentes Fases Retrógradas, freqüentemente é capaz de saber o resultado das situações bem antes de vivê-las. Mas até que aprenda a lidar com o sutil fluxo de energia Netuniana que sente dentro de si mesmo, ele não confia facilmente em sua intuição.

Estes indivíduos precisam aprender como integrar suas sensações com os ideais e sonhos que trazem para esta vida. Ao invés de tentar distorcer percepções a fim de fazer o presente se encaixar no passado, deve haver um conhecimento das partes do presente que verdadeiramente simbolizam partes do passado que estão carmicamente incompletas.

NETUNO RETRÓGRADO
EM LEÃO

Aqui o indivíduo freqüentemente experimenta ilusões de grandeza. Ele vive na aparência do encanto, da cintilação e todo o esplendor da ilusão suntuosa. Gastando muito tempo na Fase I do Processo Retrógrado, é importante para ele impressionar os outros. O que não consegue perceber é que isto nunca lhe dá realmente a satisfação que está procurando, pois ele é igualmente tão impressionado por outros que estão lhe fazendo a mesma coisa.

Esta posição de Netuno ocorreu durante a grande época do cinema de Hollywood, quando estava na moda se identificar com artistas de cinema numa tentativa de encontrar mais poder criativo na própria auto-imagem. As casas eram mobiliadas com lustres de cristal, cadeiras de veludo, e muitos dos símbolos de diferentes filmes.

Numa base individual, esta posição de Netuno leva uma pessoa a se identificar com o poder. De qualquer maneira, ele precisa viver a aparência da realização.

Para seu próprio autocrescimento, ele precisa elevar sua consciência até o ponto onde veja sua necessidade em função de suas verdadeiras metas espirituais, ao invés de em símbolos de beleza que ele é capaz de acumular no plano físico. Carmicamente ele deve retirar o enorme poder de seus sistemas positivos de crenças, com os quais veio para esta vida; entrar em contato com eles e, então, ajudar a criar o mundo melhor com que sua Alma sonhou.

NETUNO RETRÓGRADO
EM VIRGEM

Nesta posição, Netuno está em sua queda astrológica. Incapaz de experimentar a liberdade total de que gosta, os processos imaginativos se focalizam num mundo muito pequeno para permitir uma expressão completa. O indivíduo vê o todo, ao ver todas as suas partes em separado. Embora isto torne mais fácil cristalizar suas impressões, o obriga a dar passos minuciosos que um Netuno cosmicamente mais posicionado não precisaria. Entretanto, ele é capaz de combinar a imaginação infinita com a praticabilidade do mundo real, e, como tal, pode ver os relacionamentos entre o que está dentro do domínio dos cinco sentidos e o que está além dele. Muita clarividência é encontrada em Netuno na geração de Virgem.

Num nível puramente pessoal, a natureza Retrógrada do planeta tende a jogar o indivíduo para trás e para a frente, entre as Fases I e III. Primeiro, ele apreende o futuro e então, enquanto o vive, percebe que gastará muito tempo mais tarde refletindo sobre o seu passado. Por esta razão a experiência da Fase II é crucial nesta posição, pois o pessoal está em contato com o seu futuro e o seu passado enquanto ele está vivendo no mundo da experiência exterior. Na verdade são suas experiências exteriores que fazem seu passado e futuro estarem juntos em sua realidade interior. Desde que ele não confunda sua visão microcósmica do universo com o que ele compreende macrocosmicamente, ele pode literalmente andar nos dois mundos ao mesmo tempo.

Carmicamente ele vê e sabe que existe mais para seu mundo do que é imediatamente visível. Ao mesmo tempo, ele compreende que precisa fazer sua barganha prática com a realidade de sua presença na vida do dia-a-dia. Ele se dará bem quando puder sincronizar sua intuição com o que é prático e realista, separando, durante o processo, tudo que não é importante.

NETUNO RETRÓGRADO EM LIBRA

Aqui, a Fase III do Processo Retrógrado é experimentada enquanto o indivíduo impessoalmente absorve impressões de seu meio ambiente. Ele geralmente pensa que todos os sentimentos que experimenta são seus e que eles finalmente exigem algum tipo de ação ou solução da sua parte. A verdade, entretanto, é que esta posição dá ao indivíduo uma oportunidade para experimentar muito do universo, embora não sendo verdadeiramente obrigado a personalizá-lo. Ele é altamente sensível, especialmente à música e às artes, e tem muita dificuldade para lidar com as asperezas da vida, às quais ele está excessivamente aberto. A fim de equilibrar a si mesmo, ele comete o erro de achar que precisa equilibrar tudo o que está à sua volta. Isto faz com que tenda a ser interessado nos assuntos das outras pessoas, mais do que realmente seria bom para ele. Ele deveria compreender que cada novo grão de areia que ele acrescenta às escalas de Libra, como uma solução equilibrada para o que já está lá, cria ainda outro desequilíbrio que exige uma nova solução. Muitos com esta configuração tornam-se tão frustrados ao tentar centralizar o mundo em volta deles, que eventualmente recorrem às drogas ou outras formas de escapismo para não reconhecerem que suas próprias dificuldades pessoais vêm de problemas que não necessitam de soluções.

Quando esta configuração é usada corretamente, dá ao indivíduo uma tremenda quantidade de *insight* no espelho de si mesmo, ou da parte de sua identidade que ele vê através dos olhos dos outros. Carmicamente ele pode aprender a se integrar melhor com a sociedade através deste modelo de visão. Ao mesmo tempo, mais adiante, ele será retirado da essência básica de si mesmo, porque procura se experimentar através dos outros. Ele pode alcançar a felicidade quando perceber que não se procura por ela, mas que esta é encontrada dentro de um estado mais ou menos permanente de satisfação com a experiência individual de vida e na pequena parte que se representa na totalidade do plano cósmico.

NETUNO RETRÓGRADO EM ESCORPIÃO

Esta é uma posição muito especial para Netuno Retrógrado. Ela acrescenta sutileza e alcance à profundidade do indivíduo. As qualidades visionárias são aumentadas junto com uma compreensão intuitiva do inconsciente. Capaz de atuar nas Três Fases Retrógradas, esta pessoa pode suavemente transformar a si mesma, bem como ao mundo à sua volta. Ela pode ser impessoalmente profunda a respeito de suas necessidades e das direções nas quais sente que o mundo está se movendo, mas ao mesmo tempo o desprendimento e a influência dispersiva Netunianas impedem que ela seja pressionada por suas impressões sensoriais.

A geração com esta posição realizará uma completa transformação na música, nas artes e na medicina, trazendo à superfície muitas qualidades não notadas que somente sua percepção aguçada é capaz de encontrar.

A menos que se experimente isto pessoalmente, torna-se difícil imaginar a tremenda profundidade que é possível quando a natureza introspectiva do Retrógrado coloca o sutil inconsciente de Netuno numa comunicação total com o poder Plutonino de Escorpião para mudanças.

Os indivíduos com esta posição estarão com sua maior força na meia-idade, pois estão cumprindo seu Carma de suavemente ajudar o mundo a concluir a Era Pisciana. Isto será feito substituindo tudo o que estava morrendo pela nova consciência espiritual que apenas eles são capazes de compreender em sua verdadeira profundidade.

A pessoa com Netuno Retrógrado em Escorpião é aquela que, numa base individual, dissolve o passado. Ele é um precursor do Futuro — dando forma ao amorfo pela necessidade de um desenvolvimento significativo.

NETUNO RETRÓGRADO EM SAGITÁRIO

Aqui o indivíduo experimenta uma elevada consciência do mundo e de seu lugar nele. Ele aprende a viver sem se prender às raízes.

Pelo contrário, vive uma existência mais natural, fluindo com o curso de seu destino.

Ele é um espírito livre que tem poucas ligações que lhe sejam significativas no plano físico. Com um *insight* quase profético do futuro, ele pode captar a essência das coisas num instante, mas tem dificuldade para estabilizar-se em assuntos práticos do dia-a-dia. Ele terá um grande papel na propagação da mensagem espiritual da Era de Aquário. Sua vida é construída na expansão dos horizontes sem forma que sente dentro de si mesmo. Ao mesmo tempo, ele é um constante doador de informação e conhecimento para os outros. Através da Fase I do Processo Retrógrado ele pode captar possibilidades distantes como probabilidades muito reais no aqui e no agora. Ele é um sonhador, mas seus sonhos são mais uma visão da humanidade do que a satisfação de desejos pessoais.

Mais do que em outras posições, isto dá um poderoso sentido do todo cósmico acontecendo dentro de nós mesmos. Explodindo de vida, esta pessoa é a autêntica expressão da Alma, finalmente livre.

Carmicamente ele não deve ser limitado por nada que não seja o que percebe como sendo as mais profundas verdades dentro de si mesmo. Ele evitará movimentos de massa, organizações, clubes, a instituição do casamento e qualquer outra estrutura feita pelo homem e que o impeça de experimentar tudo o que sente interiormente.

NETUNO RETRÓGRADO
NA PRIMEIRA CASA

Este indivíduo vive constantemente num estado de ilusão. Gastando muito tempo na Fase I do Processo Retrógrado, ele se imagina com diferentes identidades enquanto continua tentando se libertar de um constante sentimento de solidão. Grande parte de sua vida está num nível inconsciente, pois ele continua perdido através de sua natureza sem forma, tentando estabelecer um sentimento concreto de pertencer a si mesmo. Como um camaleão, ele está num constante estado de mudança, sempre se reajustando ao meio ambiente em que está no momento.

A maioria das pessoas com esta posição tem a tendência a sentir pena de si mesmas, sempre acreditando que alguma coisa está faltando nelas e que pode ser encontrada em outra pessoa. Este sentimento pode ser superado tão logo a pessoa aceite a parte sem forma de si mesma como sendo sua verdadeira natureza, compreendendo que isto lhe dá a liberdade para se harmonizar com seu meio ambiente, para que sua verdadeira identidade seja mais cósmica do que pessoal.

Em algum momento numa vida anterior ele começou a se imaginar diferente das idéias que tinha a respeito de si mesmo. E sabendo disto ou não, este foi o início de sua viagem espiritual. Nesta vida, ele continuará a sacrificar velhas partes de sua identidade até que se harmonize verdadeiramente com sua elevada natureza cósmica. Ele aprenderá que todas as coisas da vida são apenas aparências, incluindo a imagem que ele acredita ter de si mesmo.

NETUNO RETRÓGRADO
NA SEGUNDA CASA

Aqui a natureza sem forma de Netuno apresenta um conflito natural com a estrutura de forma da Segunda Casa. O indivíduo sente dificuldade para cristalizar seus sistemas de valores e tende a ser indeciso. Ele pode ser excessivamente generoso durante a Fase I mas sente que deve prevenir-se para não perder coisas durante a Fase III.

De encarnações passadas, ele aprendeu a valorizar as artes e geralmente tem um bom senso de avaliação para a música, mas a natureza Retrógrada de Netuno não lhe permite segui-las tanto quanto ele gostaria. Se elas pudessem acontecer como influências em sua vida, ele seria muito feliz, mas o impulso natural de procurá-las deve vir de algum outro lugar no horóscopo.

Netuno está em forte desvantagem na Segunda Casa, porque continua destruindo tudo o que o indivíduo tenta conseguir. Sua segurança financeira é nebulosa, assim como os valores que defende. Toda vez que ele tenta ser firme, fica mais flexível.

Durante os seus primeiros anos, ele pode ser particularmente sensível e algumas vezes até ingênuo. Mas à medida que cresce, grande parte disto se transforma numa natureza compassiva e serena.

Embora ele venha a ter muita dificuldade para defender o que acredita estar certo, isto é apenas parte do seu Carma. Ele está vivendo esta encarnação para dissolver quaisquer falsos valores dentro de si mesmo, que trouxe do passado.

NETUNO RETRÓGRADO
NA TERCEIRA CASA

Com esta posição, o indivíduo experimenta as três Fases Retrógradas. Ele tenta se sintonizar com qualquer pessoa com a qual esteja se comunicando, mas freqüentemente tem dificuldade em ser objetivo. Ele pode divagar, deixando seu ouvinte em círculos, antes de dizer o que sabe que queria dizer desde o começo. Em muitos casos havia muita tristeza nos relacionamentos de vida passada que o indivíduo está inconscientemente tentando esquecer. Isto traz dificuldade para manifestar confiança nos relacionamentos de sua vida atual. Ele é fácil de agradar, mas acha difícil acreditar que seja realmente capaz de agradar os outros. Freqüentemente, ele se afasta muito de seu caminho tentando ser aceito.

Ele pode ser altamente sensível a forças psíquicas, mas até que desenvolva mais confiança em si mesmo, este dom pode ser um obstáculo, mais do que uma ajuda. Se sua falta de confiança levá-lo a ser um pensador negativo, então a maioria de suas impressões mediúnicas serão negativas e sombrias. Mas, uma vez superado seu próprio negativismo, os elevados raios de Netuno lhe dão um *insight* muito bonito e claro das pessoas com que gostaria de se relacionar.

Uma vez que ele é extraordinariamente sensível aos outros, precisa ensinar a si mesmo a acreditar nas qualidades positivas dos que estão ao seu redor. Quando puder fazê-lo, sua vida muda dramaticamente para melhor.

Ele está vivendo o Carma de aprender uma forma de comunicação extraordinariamente sutil e muito evoluída, que finalmente o levará a compreensões que a linguagem não consegue expressar.

NETUNO RETRÓGRADO
NA QUARTA CASA

Aqui o indivíduo experimenta muita decepção na sua posição da família. Ele tem dificuldade de se identificar com as regras de estrutura familiar durante toda sua vida, porque essencialmente baseia seus alicerces numa realidade mais cósmica. Quando ele tenta ser pessoalmente possessivo do passado, este parece escapar. As âncoras na vida nas quais normalmente tentamos nos agarrar, não são realmente oferecidas a ele. Assim, ele precisa encontrar uma outra realidade, mais universal, na qual seu alicerce seja apoiado no invisível, ao invés de na da solidez das coisas e dos relacionamentos que prendem.

Até que aprenda isto, entretanto, ele gasta a maior parte de seu tempo na Fase III do Processo Retrógrado, lamentando toda a tristeza que sente ao observar suas raízes se dissolverem sob seus pés. Freqüentemente, ele deseja poder voltar ao passado e construir aquilo que nunca existiu. Mas, carmicamente, ele precisa chegar a aprender que sua Alma nunca teve realmente necessidade do tipo de base sólida que vê nos outros.

Quando percebe isto, ele experimenta a perda do "pequeno *eu*" (ou como dizem os psicólogos — "a criança") a fim de abrir espaço para o adulto mais cosmicamente harmonizado. Esta é uma posição difícil para o casamento, porque a cada ano existe mais e mais necessidade de ser menos dependente. Quando o desejo por segurança emocional diminui, este indivíduo pode se elevar a grandes alturas espirituais, se aprender a levar sua imaginação criativa para a direção certa.

NETUNO RETRÓGRADO
NA QUINTA CASA

Aqui muito tempo é gasto na Fase I do Processo Retrógrado, na qual o indivíduo inicia sua vida criando através de seus sonhos. Sendo muito intuitivo, ele tem a habilidade de ver suas próprias criações, desde que não se iluda a respeito da realidade. Algumas vezes existe uma tendência a criar sua própria realidade em lugar daquela em que o mundo à sua volta está vivendo. Então ele tenta projetá-la exteriormente, encaixando cada pessoa que encontra em personagens que possam preencher os papéis da peça que ele criou. Ao mesmo tempo, ele retribui com um instinto criativo muito sutil e bonito. Ele pode ser musicalmente ou artisticamente talentoso, mas tem que aprender a unir esforços para tornar as suas inspirações em realidade.

De muitas maneiras ele ouve um tambor diferente e freqüentemente se desviará, antes de aceitar os limites da sociedade em que vive. Ele sempre quer um sonho pessoal com o qual se identifique e que o faria ser diferente do espaço mundano que vê. Geralmente suas crenças religiosas são muito diferentes dos princípios de qualquer religião ortodoxa estabelecida. Há muita sensualidade com esta posição. Esta é outra manifestação do sentimento interior individual de liberdade de expressão Netuniana, de seus inconscientes impulsos criativos.

Carmicamente sua vida gira em torno do aprendizado de como acreditar interiormente naquilo que deseja que os outros acreditem exteriormente. Assim, de todas as maneiras que puder expressar ou impressionar a si mesmo, ele fará o que tiver que ser feito a fim de estabelecer e então construir sobre um sistema de crença que era muito frágil em vidas anteriores.

NETUNO RETRÓGRADO
NA SEXTA CASA

Este é o verdadeiro Anjo de Misericórdia. Aqui, as qualidades dispersivas de Netuno Retrógrado são oferecidas aos outros como uma missão de cura, ajuda, e grande sacrifício pessoal. Muitas pessoas nas profissões médicas e de enfermagem, bem como curandeiros de fé, são abençoados com esta posição.

Geralmente expressada na Fase I do Processo Retrógrado, o indivíduo busca oportunidades e situações onde ele seja necessário. A maioria de seus sonhos e ambições são dedicados a criativamente servir a sociedade que lhe deu tanto no passado. Verdadeiramente, esta é uma das posições especiais de Netuno, pois permite, a todos que a possuem, trazer sua compreensão cósmica para o plano terrestre, onde possa ser útil aos outros. Nesta casa, Netuno está em sua queda astrológica, descrevendo exatamente quão difícil é fazer isto pessoalmente. Mas Netuno não é um planeta pessoal. Desde que o indivíduo possa ser um servidor sem ser um escravo, ele fará o melhor que puder para viver a vida de um humanitário muito dedicado.

Carmicamente, ele está vivendo uma vida para servir, e quanto mais o fizer, mais se liberta do círculo do Carma.

NETUNO RETRÓGRADO NA SÉTIMA CASA

Esta posição força o indivíduo a se tornar muito independente. A força prometida de outros é negada, seja através do escapismo de um companheiro no casamento, ou da irrealidade de outras pessoas na vida do indivíduo. Ele aprende a confiar e a depender de si mesmo. A Fase Retrógrada que é enfatizada dependerá naturalmente do signo que estiver na cúspide da Sétima Casa, mas dependerá muito também do companheiro do indivíduo.

Geralmente ele reage como uma espécie de resposta secundária à maneira como este planeta está sendo usado por aqueles a quem ama. Através de uma tremenda sensibilidade aos sentimentos de outras pessoas, ele fica mais compassivo enquanto os anos passam. Ele aprende a esperar menos dos que são menos capazes de dar. E aprende a construir mais dentro de si mesmo.

Ele está vivendo através de um Carma muito espiritual, de experimentar um amor impessoal naquela área de sua vida onde ele conscientemente esperou um amor pessoal. Ao mesmo tempo em que passará por alguns desapontamentos em seus relacionamentos íntimos, ele é abençoado com uma tremenda oportunidade para o desenvolvimento da Alma através do sacrifício sincero.

Ele terá que retirar muita força de dentro de si mesmo, porque nesta encarnação ele experimentará muita solidão. E muito do amor que espera receber dos outros será, na realidade, o espelho fiel do que ele mesmo distribuiu.

Assim, é menos o amor dos outros que ele sente do que o quanto eles lhe mostram da quantidade de amor que ele está dando. Se for casado, ele pagará uma dívida Cármica ao seu parceiro, através de um amor de sacrifício.

NETUNO RETRÓGRADO NA OITAVA CASA

Esta é uma posição muito forte para Netuno Retrógrado, dando ao indivíduo um *insight* aguçado dos valores dos outros. Ele gosta de servir, e é muito consciente das necessidades alheias. Ao mesmo tempo, a natureza Retrógrada do planeta tende a fazê-lo conter-se. Ele guarda suas impressões para si mesmo, freqüentemente parecendo estar num estado de animação suspensa, até sentir que precisam de sua ajuda. Aqui, existe muita visualização sexual semiconsciente, baseada no que a pessoa sente que necessita da vida. Contudo, nesta área e no mundo dos negócios e das finanças, ele precisa de direção, para que não se confunda. A natureza Retrógrada de Netuno combinada com as tendências interiores da Oitava Casa tornam-no muito introspectivo enquanto ele gasta a maior parte de seu tempo na Fase III do Processo Retrógrado.

Uma das características mais singulares desta posição é que o indivíduo nasce com talentos mediúnicos naturais, que, se adequadamente desenvolvidos, podem levar a uma vida muito rica de constante realização cósmica.

NETUNO RETRÓGRADO NA NONA CASA

Aqui, Netuno Retrógrado encontra um lugar especial, no qual seus poderes intuitivos exaltam a compreensão da mente superior. Se positivamente aspectado, a profundidade de inspiração pode ser enorme. O indivíduo é capaz de captar a mais alta essência da vida e seu verdadeiro significado. Com freqüência ele sente rejeição e uma sensação de solidão em seus relacionamentos pessoais, mas isto serve apenas para torná-lo mais cosmicamente ciente de sua natureza divina.

Ele é excessivamente sensível ao seu meio ambiente, tendendo às vezes a exagerar suas impressões sensoriais. Seu humor é fortemente influenciado pelas condições do tempo e pelas vibrações gerais harmoniosas de onde ele estiver no momento. Sendo uma alma muito compassiva, ele pode dirigir suas sensações intencionalmente, se sentir que está atendendo a algum chamado superior.

É durante a Fase I do Processo Retrógrado que as qualidades visionárias desta posição se tornam destacadas. Carmicamente, o indivíduo está destinado a compreender a si mesmo nos seus níveis mais sutis. Um afastamento temporário da sociedade o ajuda a ver, mais claramente, sua essência superior. Nesta vida, ele está prosseguindo uma procura da verdade, seguindo a ordem da natureza e da lei cósmica natural.

NETUNO RETRÓGRADO
NA DÉCIMA CASA

Aqui, Netuno Retrógrado se encontra numa posição difícil. A necessidade pessoal do indivíduo por um sentido na vida é continuamente destruída pela falta de forma da realidade cósmica que ele alcança. Ele freqüentemente se sente confuso a respeito de suas metas, porque sente o plano infinito do mundo e tem dificuldade para compará-lo a qualquer coisa que poderia fazer. Assim, ele pode ter um tremendo *insight* mas seu impulso é enfraquecido pela natureza não-competitiva de seu ser.

Ele pode ser altamente criativo e deveria se envolver numa ocupação na qual as qualidades inspiradas e visionárias são necessárias. Se o signo na cúspide da Décima Casa for negativo, então o indivíduo gasta muito tempo na Fase III do Processo Retrógrado, na qual ele não apenas absorve os ideais de seus companheiros, mas também tende a ser tímido quando confrontado com situações públicas ou sociais.

Ele está trabalhando através de um Carma de aprender a ser não apenas impessoal em sua carreira, mas também a não se identificar com *status* ou posição social. Uma vez que aprenda isto, ele pode ser profundamente intuitivo e altamente profético, tendo muito sucesso social, porque não o está desejando. Talvez, o caminho mais fácil de alcançar a verdadeira compreensão de seus sentimentos seja quando perceber que ele, que ganhou "a corrida de ratos", simplesmente provou que é o maior rato!

NETUNO RETRÓGRADO
NA DÉCIMA-PRIMEIRA CASA

Aqui o indivíduo tende a se retirar do processo criativo. Ele gasta a maior parte do seu tempo na Fase III se refugiando num mundo de sonho que se tornou sua realidade. Ele tende a estar no lado não-prático, pois o alcance de sua imaginação ultrapassa de longe a realidade do mundo à sua volta. Ele é altamente compassivo e freqüentemente sacrificará muita coisa pelas necessidades dos outros. Ele é tão profundamente apreciativo da vida, que criar coisas para si mesmo é muito menos importante do que apenas experimentar a essência de tudo que pode absorver.

Ele gosta de se sentir necessário pelos seus amigos, pois deles obtém um sentido mais profundo.

Com esta posição, o indivíduo traz a esta vida um Carma construído sobre sonhos passados. Isto geralmente o torna idealista a ponto de não se disciplinar facilmente aos padrões da sociedade. Ele sempre sente que há uma música superior, um significado mais sutil para a vida, e uma compreensão mais profunda daquilo que o mundo chama de amor. De todas as posições do Zodíaco este é o indivíduo que pode generosamente dar, não somente sem esperar qualquer coisa em retorno, mas nem mesmo querendo que a outra pessoa saiba que foi ele quem deu.

O nível de consciência pode ser extraordinariamente alto, pois as tradições e restrições da sociedade não restringem a imaginação criativa do indivíduo. Um sonhador em vidas passadas, uma pessoa que busca a consciência Uraniana nesta vida, ele precisa aprender a equilibrar tudo que sente intuitivamente, com tudo que precisa lidar em níveis mais mundanos e práticos. Assim, não lhe é suficiente imaginar alguma coisa idealisticamente maravilhosa. Ele precisa encontrar os caminhos através de outras áreas em seu mapa para imprimir seus sonhos em sua realidade criativa.

NETUNO RETRÓGRADO NA DECIMA-SEGUNDA CASA

Aqui, em sua casa natural, Netuno Retrógrado dá um grande *insight* em toda realidade cósmica. O indivíduo é capaz de ver a totalidade das coisas sem ter que dissecá-las. Sua visão é livre e impessoal porque ele pode facilmente dissolver o Carma passado não tendo opiniões a seu respeito. Muitos com esta posição são capazes de mediunidade, pois eles podem compreender a essência das coisas sem ficarem pessoalmente envolvidos. O passado facilmente se dissolve pois o indivíduo sabe instintivamente que este não tem base na realidade.

Durante a primeira metade da vida, os atributos menos cósmicos de Netuno Retrógrado são acentuados. O indivíduo experimenta uma tristeza interior que o torna uma espécie de lata de lixo psíquica, coletiva, para todos que entram em contato com ele. Mas uma vez que comece a perceber a verdadeira essência das coisas, muito de sua própria autopiedade é substituída por uma tolerância maior para com o universo no qual ele vive.

Há uma forte tendência a experimentar a Fase III do Processo Retrógrado, pois ele volta atrás, para as imagens de tudo que já viveu, numa realidade mais sutil, a fim de que tudo que não precisa levar consigo para o futuro, se torne solto.

Quase sempre, esta posição dá ao indivíduo a habilidade de se harmonizar com sua verdadeira identidade cósmica.

PLUTÃO RETRÓGRADO

PLUTÃO RETRÓGRADO
SÍMBOLO ESOTÉRICO

No símbolo de Plutão (♀) encontramos o Círculo do Espírito pairando livre acima da ligação entre a Meia-Lua da Alma e a Cruz da Matéria. Isto é muito indicativo das áreas desconhecidas que o homem tem que atravessar antes de finalmente alcançar uma compreensão de si mesmo nos níveis mais profundos.

Quando a Alma e a parte material da existência não estão em contato com o Espírito de Luz essencial, o indivíduo experimenta as energias Plutoninas mais básicas, mas quando ele começa a transcender as quantidades desconhecidas dentro de si mesmo, ele é capaz de suprir a lacuna entre sua vida inferior e finalmente ligar-se ao Espírito da purificada Luz Dourada que Deus pretendia que ele conhecesse. Quando o homem é capaz de atingi-lo, entra em contato com a parte de si mesmo que é tão essencialmente boa, que ele tem certeza que ninguém que conheça realmente acreditaria. Esta é sua verdadeira identidade.

As grandes dificuldades para alcançar tais energias Plutoninas são que, como a gaivota que voa o mais alto com suas próprias asas, assim, cada indivíduo precisa transcender a si mesmo, sozinho. Os finais limitados por Plutão são o desaparecimento simbólico de fases não mais necessárias para o crescimento do indivíduo.

Uma vez que Plutão é Retrógrado quase que metade do tempo, então uma porcentagem muito alta da população do mundo tem esta configuração em seus horóscopos natais. Estes indivíduos irão finalmente se tornar mais preocupados com as transformações dentro de si mesmos do que com tentativas menos frutíferas, como a de tentar modificar o mundo exterior. Invertendo-se o símbolo, tudo o mais surge da manifestação do Espírito Divino se expressando aqui na Terra.

PLUTÃO RETRÓGRADO
PERSONALIDADE

Este indivíduo com Plutão Retrógrado, sente os males da sociedade como uma razão pessoal para transformar a si mesmo. Ele sabe que não pode mudar o mundo. Contudo, gostaria de fazê-lo se fosse prático ou possível. Mas ele pode mudar o mundo dentro de si mesmo, acabando com suas amarras a tudo que o prende a algo menor do que seu ser purificado. Este é um processo que leva muitos anos e, algumas vezes, muitas vidas, para ser alcançado. Em sua manifestação mais elevada, representa a verdadeira Consciência de Cristo de trazer a mais pura forma de amor para a Terra.

Em menor proporção, normalmente, ele continua a eliminar de sua vida todos aqueles fatores que impedem o progresso de sua Alma e a expressão de seu Espírito.

O indivíduo com Plutão Retrógrado sente a luta da humanidade como uma luta pessoal dentro de si mesmo. Ele sente pessoalmente a necessidade de superar em si mesmo tudo que esteve ameaçando a consciência da sociedade em que vive. Assim, ele reage fortemente à desonestidade de outras pessoas para consigo mesmas, tomando isto como uma afronta pessoal ao seu progresso, que ele sente que precisa fazer pelo bem definitivo da civilização da qual ele é uma parte importante. Ele precisa aprender a se desprender um pouco mais dos padrões de hábitos e das características de comportamentos dos outros, cujas vidas realmente tem tão pouco a ver com a sua verdadeira identidade interior.

PLUTÃO RETRÓGRADO
CARMA

O indivíduo com Plutão Retrógrado está vivendo o Carma de experimentar a consciência de massa dentro de si mesmo. Ele sente o impacto do pensamento do mundo, e está consciente de como este se relaciona com o pensamento do mundo através dos séculos. Nem sempre expressando exteriormente o que sabe, ele tende a ver os outros indivíduos como parte de um todo maior e mais inclusivo do que numa base contínua de pessoa a pessoa.

Em sua vida pessoal é muito menos importante o que faz do que o que pensa a respeito do que faz. A maior parte do tempo ele vive dentro de sua consciência, escolhendo a grande profusão de sentimentos que experimenta dentro de si mesmo.

O crescimento espiritual possível com Plutão Retrógrado é limitado apenas pela mente consciente do indivíduo se quiser. Ele pode literalmente se elevar acima de grande parte do Carma de toda sua raça.

Curiosamente, se tentar evitar elevar o seu Carma, sentirá os Carmas inferiores dos outros à sua volta, de qualquer maneira. Assim, se ele escolher elevar a si mesmo, ele verdadeiramente pode começar a viver a parábola de Jesus de "estar neste mundo mas sem ser dele". A fim de finalmente atingir isto, ele passa por afastamentos temporários durante a primeira metade da vida, até que aprenda a ser impessoal com a intensidade do mundo que percebe fora de si mesmo, para que finalmente chegue ao ponto de não mais senti-lo agindo dentro de si.

PLUTÃO RETRÓGRADO
EM CÂNCER

Com esta posição muito tempo é gasto na Fase III do Processo Retrógrado, pois o indivíduo continua lidando com revoluções em seu passado. Ele gasta toda sua vida tentando criar um renascimento em seu sistema de memória para que possa descobrir em sua consciência tudo que anteriormente o abalou num nível emocional. Infelizmente esta posição tem a tendência a prender o indivíduo exatamente nos seus pontos de trauma. Assim, cada nova pessoa ou circunstância em seu futuro é apenas símbolo de um passado que ele não deixou para trás. Quanto mais se esforça para extinguir o passado, ou mesmo para escondê-lo de si mesmo, mais ele se concentra de volta nele. Quanto mais compreensão ele procura criar dentro de si mesmo, mais ele é atraído como um ímã, de volta às razões que o fazem procurar a compreensão em primeiro lugar. Assim, ele está num círculo vicioso até que aprenda que o poder das memórias morre no tempo se não são constantemente energizadas negativamente.

Curiosamente, muitos com esta posição experimentaram um trauma de grande duração com um ou com ambos os pais e as crises familiares parecem nunca terminar. O indivíduo embora tente constantemente dar um fim a tudo que o aborrece, nunca realmente vibra longe da causa de suas dificuldades.

Toda a geração de Plutão em Câncer era emocionalmente traumatizada devido às condições do mundo, naquela época. Guerras através dos continentes, a destruição provocada por Adolf Hitler e a subseqüente dissolução de famílias, deixou muito pouco para que estes indivíduos fossem emocionalmente seguros. Como uma geração, eles estão silenciosamente amontoados no medo; numa base individual, eles tendem fortemente a projetar em pensamento suas dependências inconscientes, a todos que estão ao seu redor. Há muito sofrimento interior com esta posição, que talvez seja a razão por que aqueles indivíduos com Plutão Retrógrado que internalizam e personalizam a total consciência de sua geração, tentam encontrar uma segurança substituta no outro mundo de posses materiais.

Claro que a chave para acabar com o sofrimento de memórias desagradáveis do passado é não somente regenerá-las pela procura de símbolos que as lembrem, mas, sim, enxergar cada dia como um novo nascimento de frescor.

PLUTÃO RETRÓGRADO EM LEÃO

Esta configuração fala da destruição do poder com o objetivo de transformação. Numa base universal, a geração de Plutão em Leão veio a um mundo enfraquecido por suas dependências emocionais, iludido pelo falso materialismo e apegado a valores passados que não mais serviam a um objetivo útil. Sob este aspecto, a nova geração não foi dispersada por um mundo devastado pela guerra, mas cresceu na consciência de um período de reconstrução no qual era dada muita importância à habilidade individual de desenvolver a força dentro de si mesmo, a fim de que ele (como parte de uma geração) superasse a opressão. Assim, encontramos o indivíduo de Plutão em Leão questionando a validade do "sistema". Ele percebe que um milhão de pessoas fracas pertencendo a qualquer idéia ou organização que pareçam dar força podem não somente ser uma fachada, mas também que toda construção criada pode bem ser baseada em falsos valores.

Através de seu desejo Leonino por um mundo do qual possa se orgulhar em viver, ele deseja arrasar tudo que foi construído antes dele, em bases que ele não acha significativas.

A natureza Retrógrada do planeta faz com que o indivíduo veja este mundo, movendo-se em valores, como uma cruzada pessoal na qual ele deve ter algum papel essencial. Numa base pessoal, ele questiona sua identidade com respeito ao que ele mesmo está fazendo para tornar este mundo mais significativo. Assim, muito tempo é gasto na Fase I do Processo Retrógrado enquanto ele tenta projetar um sentido de força segura construída em bases honestas, para um mundo que precisa dela tão intensamente.

Num nível Cármico, ele sente a obrigação de superar tudo que tenha enfraquecido a humanidade. Assim, ele passa toda sua vida com um objetivo em mente: desenvolver o poder, primeiro em si mesmo, e depois, pelo exemplo, nas falsas estruturas da sociedade que precisem de bases mais criativas e honradas.

PLUTÃO RETRÓGRADO EM VIRGEM

Com esta posição o mundo entrou na idade da análise. A consciência de massa começou procurando compreender o mecanismo que estava gerando seus defeitos. A Psicanálise tornou-se moda e literalmente milhares de novos avanços na mente humana começaram a ser explorados. Um efeito divisório impregnou o mundo enquanto o homem tentava classificar tudo que estava fazendo o mundo ser daquela maneira.

Esta posição no mapa de um indivíduo ajuda os poderes de concentração interior. A pessoa é capaz de concentrar seu inconsciente de maneira que possa ser um verdadeiro dínamo naquelas áreas específicas para as quais ele dirige sua atenção. Ao mesmo tempo, a natureza Retrógrada do planeta gera um desejo pela não-interferência de fontes externas. A pessoa, na realidade, sente satisfação ao realizar coisas para si mesma.

No final, é ele quem solucionou seus próprios mistérios e saber isto os torna dignos de serem resolvidos. Na consciência, o indivíduo experimenta a Fase I do Processo Retrógrado; em sua experiência de vida ativa, sua timidez com as pessoas é a expressão clássica da Fase III.

Carmicamente ele está procurando compreender como as coisas funcionam. Sua abordagem à vida parece um pouco mecânica, mas esta é a maneira pela qual ele alcança a mais clara das compreensões.

PLUTÃO RETRÓGRADO EM LIBRA

Os indivíduos com esta posição têm uma experiência única na consciência. Eles são observadores da evolução e da transformação do mundo, mas não sentem realmente o desejo de ser uma parte intrínseca dele. Por um lado, eles experimentam pessoalmente a consciência de todos ao seu redor. Isto os torna uma curiosa mistura de tudo que eles viram ou tocaram. Por outro lado, eles não se relacionam pessoalmente consigo mesmos. Assim, eles não representam aquilo que parecem representar. O resultado é que esta posição age como uma janela através da qual passa a consciência da raça.

Um forte senso de responsabilidade pelos outros dá a muitos com esta configuração um silencioso complexo de mártir. Eles sentem que sua habilidade em equilibrar os que estão ao seu redor reflete em seu ajuste de contas pessoal com seu Deus.

Esta é uma das posições mais difíceis para Plutão Retrógrado, pois a força de mudança rompe o estado de suave inércia de Libra. Existe um impulso em direção à realização junto a um desejo de não participar. Quando Plutão entra em Libra, muitos grandes "movimentos gurus" cresceram em popularidade. Mesmo o forte advento da meditação transcendental é uma aplicação característica desta posição. Transcender é a força de Plutão; fazê-lo através da meditação simboliza a suave não-atividade de Libra.

Numa base individual, a ação Retrógrada do planeta oferece à pessoa a habilidade de internalizar a consciência humana, a fim de se harmonizar com a totalidade de tudo que apreende. Isto faz com que fique na Fase III do Processo Retrógrado a maior parte do tempo.

Carmicamente, os que nasceram com esta posição possuem um desejo internamente calmo e impessoal de transformar a época em que vivem. Sua meta é um estado de consciência mais pacífico e harmonioso.

PLUTÃO RETRÓGRADO EM ESCORPIÃO

Em Escorpião, Plutão encontra sua casa natural. Aqui, a tão esperada transformação espiritual do mundo finalmente se realiza. Grandes revoluções derrubam muitas das antigas criações da humanidade enquanto o fim da Era Pisciana começa a se tornar mais evidente. Novas descobertas científicas nas áreas das leis de física, princípios de medicina e meios de cura natural ganham crescente aceitação. O mundo se torna cada vez mais dividido enquanto a luta entre "bem" e "mal" surge em grande proporção. Grandes movimentos sociais e políticos, cujas sementes foram espalhadas anteriormente, começam a surgir com enorme poder.

Quando Plutão é Retrógrado, o alcance destas enormes mudanças radicais é intimamente sentido a nível pessoal. As eras de procura por uma compreensão da sexualidade do homem, sua procura para encontrar seu Deus (e a possível conexão entre estes dois impulsos) torna-se uma busca puramente pessoal para cada indivíduo.

Para aqueles que nasceram com esta posição de Plutão existe um poderoso desejo de transcender todas as falhas passadas trazendo à superfície e então eliminando todos os motivos de fraqueza que estavam escondidos.

O homem literalmente se destrói a fim de renascer. Este é um dos períodos mais agitados na história do ser humano, pois a própria Bíblia é profundamente questionada como uma introdução a um novo

Terceiro Testamento, ainda por ser escrito. O fanatismo predomina em todo lugar, enquanto um mundo cansado por dois mil anos de sofrimentos humanos começa a se libertar, preparando-se para a Era de Aquário.

Os indivíduos com Plutão Retrógrado serão parte muito importante destas majestosas transformações, ajudando a incentivar (através da Fase I do Processo Retrógrado) o renascimento do Homem: de seu estado de inércia para uma consciência mais elevada e desperta.

PLUTÃO RETRÓGRADO NA PRIMEIRA CASA

Esta é uma posição extremamente dinâmica para Plutão, que coloca o indivíduo numa jornada perpétua para purificar a si mesmo. Ele experimenta constantes transformações, pois sua ânsia contínua de procura o leva a muitas experiências intensas. Durante a juventude ele é altamente impulsivo, pois ele representa a Fase I do Processo Retrógrado. Depois da meia-idade ele se torna mais introspectivo. Então, ao invés de querer deixar sua marca no mundo, ele procura compreender o quanto ele é um produto do universo em que vive.

Em tudo que faz existe um poderoso impulso interior que o motiva. Ele raramente está satisfeito e é muito difícil de se agradar, pois o que está procurando geralmente está além do alcance daqueles que tentam ajudá-lo. Com Plutão Retrógrado na Primeira Casa, o casamento e outros relacionamentos são difíceis, porque a agitação interior do indivíduo tenta constantemente exterminar e transformar suas necessidades e desejos básicos. Ele passará a maior parte da atual encarnação transformando seus conceitos pessoais e aprendendo a transcender o Carma de sua identificação pessoal enquanto revela a realidade Cósmica. Sua ansiedade para atingi-la é a razão de ele viver tanto tempo na Fase I; mas sua verdadeira evolução sempre vem das realizações concluídas na Fase III.

PLUTÃO RETRÓGRADO NA SEGUNDA CASA

Aqui o indivíduo está vivendo um Carma de servidão. Da mesma maneira, ele está acorrentado aos valores da sociedade ou a seus próprios pensamentos obsessivos de vida anterior que precisam ser trazidos à superfície a fim de serem eliminados. Realmente não importa o que o prende. O importante é que atinja a compreensão de que ele precisa literalmente destruir seus sistemas de valores passados se quiser algum dia alcançar a felicidade. Durante a primeira metade da vida ele não vê o mundo claramente. Ele tende a culpar os fatores externos de privá-lo de tudo que pensa necessitar. Ele precisa aprender a diferença entre suas vontades e suas necessidades, pois embora ele raramente obtenha o que deseja, sempre terá exatamente o que precisa. Em sua vida pessoal, ele pode ser altamente possessivo, inacreditavelmente teimoso, e espantosamente resistente a qualquer encorajamento exterior que tente fazê-lo encaixar no mundo ao seu redor. Ele preferiria ver o mundo se curvar para se encaixar em seus ideais. Como resultado, ele vive no cativeiro que ele mesmo criou, silenciosamente desprezando tudo o que discorde de suas idéias.

Esta posição pode significar um forte resíduo de vida passada do ser animal sendo trazido para esta encarnação a fim de ser dominado. Para que se transforme, este indivíduo precisa estudar cuidadosamente suas razões interiores durante a Fase III do Processo Retrógrado e perceber que a maior parte do que ele está se agarrando e procurando tem pouca base na realidade do que realmente o torna feliz na vida atual.

PLUTÃO RETRÓGRADO NA TERCEIRA CASA

Aqui todas as três Fases do Processo Retrógrado têm um importante papel na vida do indivíduo. Nas áreas dos relacionamentos, ele tende a viver sua vida para trás. Primeiro, ele considera os resultados finais. Então, continua tentando se expressar de modo a alcançar os resultados antes de assentar as bases necessárias, no começo. Mais tarde ele tenta voltar sobre seus passos, recolhendo as peças que deixou escapar. Seu campo de ação é muito amplo e ele é altamente sensível aos pensamentos inconscientes de outras pessoas. Isto lhe causa muita dor porque ele freqüentemente enxerga através das máscaras que as pessoas vestem. Como resultado, ele acha difícil confiar totalmente nelas porque sente suas razões ocultas e talvez inconscientes.

Esta é uma posição extraordinariamente mediúnica e o indivíduo é totalmente capaz de se comunicar intimamente com pessoas que conheceu há poucos minutos. Isto o ajuda a ver a verdade se for capaz de interpretar suas percepções impessoalmente.

Carmicamente lhe está sendo solicitado que domine seus sentidos. Esta talvez seja uma das lições mais difíceis em todo o Zodíaco.

Em sua juventude, ele é altamente sensível ao seu meio ambiente. Quando fica mais velho, ele percebe que apenas apreende aquilo no que se concentra. Como resultado, ele precisa trabalhar muito para transformar suas atitudes para com o mundo ao seu redor, pois ele literalmente tem total controle do nível de consciência no qual viverá.

Será bom quando ele perceber que nenhum pensamento que puder pensar será apenas seu. Mesmo suas idéias a respeito de transformar os outros nunca foram verdadeiramente suas, mas apenas pensamentos inconscientes de outras pessoas, que ele foi suficientemente sensível para captar. Uma vez que se torne impessoalmente dirigido, ele pode ser um comunicador muito poderoso e altamente influente na mudança do pensamento do mundo.

PLUTÃO RETRÓGRADO NA QUARTA CASA

Com esta posição o indivíduo gasta muito tempo na Fase III do Processo Retrógrado, na qual ele tende a evitar se expressar exteriormente num mundo que lhe é estranho. Freqüentemente muitos medos e fobias infantis acompanham esta posição e se manifestam como fortes dependências emocionais. Ele detesta este aspecto de si mesmo e continua tentando destruir tudo que lhe dê segurança suficiente para privá-lo da sensação de crescimento. Este conflito embutido pode provocar muitos sentimentos paranóicos, pois o indivíduo projeta nos outros seus próprios impulsos autodestrutivos. Na verdade ele está experimentando uma transformação completa de sua Alma, para que, de suas verdadeiras raízes, possa nascer uma nova flor. Isto significa que ele gastará muito esforço para quebrar todos os velhos hábitos, particularmente aqueles que lhe dão o bem-estar que continua atraindo-o de volta ao seu passado. Como resultado, ele nunca se sente totalmente seguro de onde está. É quase como se o chão onde pisa continue mudando abaixo dele. Na realidade ele está constantemente rejeitando o velho, ainda temeroso do novo, embora ele saiba que a única direção a seguir é em frente. Por muitos anos a vida parece ser como correr de um lado para o outro numa ponte, não querendo chegar a nenhuma das margens por medo de perder as possibilidades de experimentar a outra. Esta posição de Plutão mostra que a Alma atingiu o fim de um longo padrão de comportamento que foi introduzido por muitas vidas. Nesta vida, um novo nascimento interior está para ser finalmente realizado.

PLUTÃO RETRÓGRADO NA QUINTA CASA

Aqui o indivíduo gasta muito tempo na Fase I do Processo Retrógrado. Ele tenta se expressar exteriormente para provar a si mesmo que o mundo um dia o aceitará. Ele pode ser vigoroso e dinâmico e tem uma poderosa natureza sexual. Sua perspectiva a respeito da vida, juntamente com seu impulso, pode ser autoritária. Sendo muito subjetivo em sua perspectiva de vida, ele precisa aprender a ser mais consciente dos sentimentos dos outros. Até que o faça, ele pode distorcer suas percepções, uma vez que o mundo é realmente mais impessoal do que ele gostaria de acreditar.

Com esta posição existe às vezes uma criança difícil de educar ou alcançar, em função do próprio senso pessoal de individualidade dela. Geralmente a criança se recusa a ser moldada facilmente. Em alguns casos ela tenta ser a professora dos pais.

A natureza do amor de Plutão Retrógrado na Quinta Casa origina muita agitação interior, pois o indivíduo está constantemente questionando os diferentes papéis nos quais se vê. Ele pode ofender a si mesmo em níveis muito profundos e está realmente tentando encontrar razões para se aceitar e à sociedade em que vive. Isto freqüentemente toma a forma de ativamente se empenhar em algum tipo de expressão pessoal que a sociedade em geral não aprova facilmente. Desta maneira, ele sente que é capaz de provar que é merecedor de sua própria existência pessoal. Ele alcançará a felicidade quando parar de tentar derrubar o mundo e aceitar a si mesmo como apenas uma parte dele.

Quase sempre há um Carma relacionado ao uso incorreto do processo criativo numa vida passada. Freqüentemente isto ocorreu em projeções de pensamento sexualmente enraizados. Agora o indivíduo precisa aprender a dar um espaço psíquico livre aos que estão ao seu redor. Quando aprender a fazê-lo, ele se encontrará com uma abundância de nova energia a ser dirigida para novas áreas de criação e realização.

PLUTÃO RETRÓGRADO
NA SEXTA CASA

Aqui o indivíduo experimenta grandes revoluções nas suas condições de trabalho, suas relações com superiores e seu senso geral de obrigação de dar e receber com o mundo. Ele tem estranhas doenças que freqüentemente desaparecem tão misteriosamente como apareceram. Ele precisa aprender a não personalizar um sentido de missão na vida, pois, se o fizer, torna-se universalmente pessoal no sentido mais negativo e pode realmente absorver todas as doenças da sociedade, inconscientemente. Isto acontece devido ao seu desejo inconsciente de transformar o mundo para que este possa se amoldar às suas próprias idéias pessoais de perfeição.

Ele está vivendo um Carma de préstimos impessoais, no qual todas as suas ações se relacionam menos com sua identidade pessoal do que com seu papel no plano cósmico. Como tal, ele trabalha melhor como um missionário universal; até que aprenda isto, ele tende a sentir um pouco de amargura com o mundo, que aparentemente o está lesando de tudo que lhe é devido. Quando ele se torna introspectivo durante a Fase III do Processo Retrógrado, na realidade ele se magoa indo para dentro de si mesmo e lá encontrando o mundo e seus problemas, ao invés da identidade que está procurando. Isto acontece porque ele está constantemente muito ocupado entrando em tudo que está ao seu redor, e que mais tarde ele confunde com a pura essência de si mesmo. Ele alcança a felicidade quando pára de tentar "ver onde os pés nascem" e começa a caminhar sobre eles. De fato, toda sua vida é dedicada ao uso, que vem de uma compreensão instintiva, ao invés de tentar fazer tornar o inconsciente uma compreensão consciente.

PLUTÃO RETRÓGRADO NA SÉTIMA CASA

Aqui o indivíduo encontra grandes obstáculos para superar nos seus relacionamentos com os outros. No casamento ele pode tender a romper, inconscientemente, a harmonia que pensa estar procurando. Gastando muita de sua energia tentando modificar os outros, ele nem sempre olha para si mesmo com clareza. Nesta posição todas as três Fases Retrógradas são experimentadas, porque muita coisa depende de quem o indivíduo está se relacionando num dado momento. Em todas as pessoas existem pelo menos duas diferentes concepções importantes do "ser". Uma é baseada no que pensamos de nós mesmos. A outra é baseada no que a pessoa pensa que os outros pensam a seu respeito. É este segundo "ser" que o indivíduo com Plutão Retrógrado na Sétima Casa está carmicamente trabalhando para modificar. Como resultado, o meio ambiente no qual ele vive o controla mais do que ele percebe. Constantemente absorvendo a consciência externa de sua vida exterior, ele é uma curiosa mistura de tudo o que a sociedade pensa a qualquer momento, juntamente com uma forte hostilidade inconsciente no primeiro ou original "ser", por não ser capaz de expressar verdadeiramente sua própria (não influenciada pela sociedade) natureza. Portanto, esta é uma posição extremamente difícil para o casamento porque qualquer relacionamento íntimo simplesmente aumenta esta luta entre se adaptar em algum nicho e secretamente desejar destruir tudo no mundo que cria estes nichos. Uma grande transformação acontece quando da descoberta das verdadeiras bases de sua realidade. Na verdade, a sociedade em que ele vive, com todas as queixas que tem a respeito dela, incluindo as instituições sobre as quais se ergue e que o prendem, são exatamente as verdadeiras coisas que ele precisa para fazê-lo vibrar com a essência da própria vida.

PLUTÃO RETRÓGRADO
NA OITAVA CASA

Esta é, inquestionavelmente, a posição de maior profundidade em todo o Zodíaco. Plutão não apenas rege a Oitava Casa como também as qualidades introspectivas de sua natureza Retrógrada estão em total harmonia com sua posição de casa. Aqui o indivíduo está questionando constantemente os valores dos outros. Ele procura compreender os mistérios mais profundos. Para ele, a sexualidade representa a questão mais insondável de todas. Pouca coisa na vida passa por ele sem que a examine clinicamente. Ele tem uma natureza sexual muito forte. Seu impulso, entretanto, não é apenas físico, mas também mental e cosmicamente dirigido. Quer ele o expresse fisicamente ou o transforme em regiões mentais, este impulso está dando energia a tudo que ele procura compreender no universo. Geralmente expressada durante a Fase I do Processo Retrógrado, esta posição agressivamente cria uma constante destruição nos velhos padrões de hábitos tradicionais, para que finalmente o indivíduo possa renascer dentro de si mesmo, nos mais profundos níveis.

Ele está tão ligado aos valores dos outros que, goste disto ou não, ele é fortemente influenciado pela consciência de massa. Ele traz a esta vida uma herança do poder de Plutão para mudar, e quanto mais ele fica descontente com o mundo à sua volta, mais ele começa a penetrar nas angústias dentro de si mesmo.

PLUTÃO RETRÓGRADO
NA NONA CASA

Aqui o indivíduo experimenta a Fase I do Processo Retrógrado enquanto procura explorar tudo que observa no universo. Isto faz com que ele seja muito difícil de ser compreendido pelos outros, que são mais arraigados no espaço mundano do dia-a-dia de realidade prática. Esteja ou não consciente disto, ele tende a se dirigir para a projeção astral de um lugar para o outro, e de uma região na consciência para outra, de maneira quase que constante.

De todas as posições do Zodíaco, esta é aquela na qual a consciência do indivíduo está menos relacionada com seu corpo físico.

Ele é constantemente atraído para o pensamento do mundo, e muito de seus próprios pensamentos têm menos a ver com sua própria vida do que com o universo que ele estiver inconscientemente explorando a um dado momento.

Ele é um rebelde contra as restrições; vendo o mundo como um parque de diversões, onde sua Alma se exercita e cresce. Ele possui a habilidade de compreender tanto, que precisa aprender a se concentrar em um pensamento ou um projeto de cada vez.

Há muita sabedoria nesta posição logo que o indivíduo aprenda que lhe é permitido caminhar com sua cabeça nas nuvens desde que seus pés estejam no chão. Por ver tanto, ele finalmente se torna muito seguro de suas opiniões e atitudes, o que pode trazer-lhe muita dificuldade no relacionamento com os outros, que não compreendem totalmente suas fontes de informação.

Carmicamente, ele está aprendendo a enfrentar a essência total de torrentes de pensamento que são libertadas pela possessividade individual.

Ele é uma das poucas pessoas no Zodíaco que sabe realmente que uma pessoa não é o que ele pensa. Se utilizada corretamente, e com treino adequado, esta pode ser uma posição extremamente espiritual para Plutão Retrógrado.

PLUTÃO RETRÓGRADO NA DÉCIMA CASA

Com esta posição, o indivíduo experimenta um grande impulso interior para estabelecer uma identidade firme entre seus companheiros. Geralmente, ele precisa ter uma carreira. A idéia de qualquer emprego mundano é muito insatisfatória para as exigências da energia dinâmica de Plutão.

Esta é uma das poucas posições nas quais o desejo vindo do inconsciente não se manifesta necessariamente no nível sexual. O indivíduo está muito preocupado com o sentimento de que precisa justificar seu senso de autovalor para permitir que suas energias se dispersem em quaisquer áreas que não sejam as que se relacionem diretamente às metas que ele estabeleceu para si mesmo. Muitos com esta posição procuram um trabalho no qual eles sintam que estão ajudando a transformar ou a esclarecer o público, assim satisfazendo a si mesmos, na medida em que estão satisfazendo o mundo em que vivem.

Existe um forte senso de responsabilidade, mas nem sempre com o tradicional. No mínimo, esta pessoa quer romper os grilhões da sociedade para que ele possa ser parte de alguma coisa nova que finalmente tomará o seu lugar. Ele vacila entre a Fase I e a Fase III do Processo Retrógrado, pois compara tudo o que o mundo poderia ser, com tudo que ele viu ser, no passado. Pessoalmente, ele se identifica com grandes causas e grandes derrocadas e é mais feliz quando sente que é uma parte de alguma grande transformação do mundo.

Ele está vivendo o Carma de aprender a dirigir construtivamente o poder pelo maior bem possível da sociedade em que vive.

PLUTÃO RETRÓGRADO NA DÉCIMA-PRIMEIRA CASA

Aqui Plutão encontra sua posição mais idealista, pois o indivíduo deseja o melhor para si mesmo, seus amigos, e o mundo em que vive. Geralmente, isto provoca muita devastação porque ele vê uma grande lacuna entre sua natureza ideal e a maneira como as coisas são realmente. Assim, ele pode parecer um rebelde tentando fechar esta lacuna, destruindo literalmente tudo o que vê como sendo totalmente sem significado. Freqüentemente, ele se nomeia a consciência de seus amigos. Isto, embora motivado por um desejo altamente espiritual, freqüentemente provoca grande atrito. Grande parte de sua vida é vista da perspectiva de um espectador e o processo criativo pode ser dificultado, pois o indivíduo questiona o significado das coisas, talvez até mais do que pessoalmente participa nelas. Ele leva suas amizades muito a sério e pessoalmente se identifica com seus sucessos e fracassos. Esta posição geralmente expressa a Fase III do Processo Retrógrado, na qual uma interiorização da consciência passada motiva o indivíduo até onde ele pode inspirar os outros para que, através deles, ele possa, quase que de modo vicário, atingir suas metas, sonhos e ambições.

Carmicamente este indivíduo pode ser um escapista, mas se permitisse que seus amigos ou o mundo seguissem o mesmo caminho isto o perturbaria.

Ele próprio evita se transformar e pode ser de grande ajuda pessoal para os outros por não ser pessoalmente ligado ao mundo.

PLUTÃO RETRÓGRADO NA DÉCIMA-SEGUNDA CASA

Com esta posição o indivíduo quase sempre experimenta a Fase III do Processo Retrógrado. Ele é altamente introspectivo e extraordinariamente profundo em sua consciência da vida como ela é. Ele sente as·amarras da sociedade em sua mente interior, mas tem o poder de ficar livre delas, se assim escolher.

Freqüentemente ele é muito reservado, pois não está totalmente em contato com a profundidade de suas razões. Contudo, ele vê o suficiente para saber que muito de sua vida exterior é forçada pela sociedade e o torna um hipócrita com seu ser interior. Longos períodos de solidão e melancolia são experimentados. A pessoa se sente incompreendida. Ele freqüentemente gostaria de ver situações cansativas chegarem ao final e como resultado ele pode conscientemente estimular forças destrutivas naqueles que estão ao seu redor. Entre todos no Zodíaco, este indivíduo pode ser muito negativo a respeito dos esforços positivos de outros para ajudá-lo a sair de sua concha. O uso de drogas é perigoso para esta pessoa, pois elas apenas tendem a levá-lo para mais longe de um estado de presença na realidade do aqui e do agora.

Carmicamente ele está tentando encontrar significado em sua Alma e, através de um processo muito agitado de eliminação, finalmente abandonará tudo que não tiver significado para ele, e assim poderá finalmente se identificar com sua essência. Sua viagem é em regiões desconhecidas do Homem e seu Universo, e embora possa experimentar as maiores dificuldades pelo caminho, sua recompensa será a descoberta de sua Alma.

www.gruposummus.com.br